人物叢書

新装版

日本武尊

やまとたけるのみこと

上田正昭

日本歴史学会編集

吉川弘文館

武　人　の　埴　輪

群馬県藤岡市出土

真福寺本『古事記』（日本武尊の段）

北野神社本『日本書紀』（景行天皇二十七年条）

はしがき

特定の人物の伝記を正確に記すということは、たいへんむつかしいことである。とりわけその記録にみえる人物の記述が、頭から信用できない場合には、その困難さは、いっそう倍加する。本書でとりあげる日本武尊の如きは、古今の教科書にも収載され、そしてまたその作とする望郷歌などは、ひろく人々に知られているところのものである。しかし、それならこれまでの研究で、尊の人間像が明らかになっているかというと、実際には依然として尊の行動は多くの謎にみちみちているといってよい。

征討に東奔西走する悲劇の人物——日本武尊をめぐる生涯は、『日本書紀』によれば、わずかに年三十でとじられる。その青年期は、まさに戦いの荒野の中にあったわけだ。とりわけ『古事記』の描くところの尊の姿は、天皇の命令に悲憤し、こと志と違って東征の軍旅にいでたつ人として記されている。その行動にちなんで、戦争中は日本武尊のふるまいが巧みに喧伝され、戦後は「英雄時代」の英雄として、新らしい側面から、かなり高い人物評価がこの尊にあたえられてきた。そして最近は東宝映画「日本誕生」の主人公としても上映された。

だが、はたして日本武尊という人は実在の人物なのか。その行動を記録する『古事記』や『日本書紀』その他の文献は、いったいどこまでが史実であり、虚構であるのか。まずそのことをたしかめた上でないと、軽々しく尊の人間像を論ずることはできないのである。わたくしが一貫して、面倒な『古事記』と『日本書紀』を中心とする文献批判を行ないながら、本書の叙述を進めているのもそのためである。わたくしの前には、幾度か現われてたちふさがる壁があった。やっとそれを乗り越えたと思ったら、次の山がわたくしを待ちかまえていた。遅々として筆は進まない。何度か中途で筆を折ろうとしたこともあったが、いま漸くにして脱稿することができたのである。

はたして壁はつき破られたか、はたして山は克服できたか、顧みてこころもとないが、いくつかの点で従来の諸説を訂正しえた部分もあると思っている。読者諸賢の大方の御批判をまって、今後の仕事に反映させてゆきたい。なお今日までいたらぬわたくしの学問の歩みを見守り、かつ育てて下さった京都大学国史研究室・立命館大学日本史研究室の諸先生および日本史研究会古代史部会会員の方々に対し篤く感謝の意を表するものである。

一九六〇年四月一〇日

上田正昭

目次

口絵

挿図

第一　皇族将軍

一　系譜の性格

国しぬびの歌

倭は　国のまほろば
たたなづく　青垣
山籠れる　倭しうるわし

大和は国の中でもっとも秀でている所である。
山々が重なりあって青い垣根のようだ。
山々に囲まれている大和の国はほんとうに美しい。

この有名な国しぬびの歌は、日本武尊のよんだ歌として、ひろく国民の各層に親しまれてきたものである。『日本書紀』の伝えるところによると、尊は年十六歳のその時に、西は熊襲の征討に赴き、年三十歳のその時に、東は蝦夷の平定を終えて、波瀾の生涯をとじることになっている。そこには悲しい恋物語のいくつかがあり、勇壮なたたかいの絵巻がくりひろげられていて、人々の心にこよなき感動を与える。

青年の皇族将軍

青年の皇族将軍—日本武尊のいたずきの身となるそのあわれが、人々の心をとらえるのである。死後、白鳥となって山を越え、野を越えてとびさすらうという昔語りは、人々を古き昔の回想へといざなうのである。青年日本武尊の人間像には、そこに悲しさと雄々しさがみなぎっていて、人々の胸の底に、忘れ難いひびきを残す。

戦時中、この尊の傷つき斃(たお)れてゆくその悲劇の生涯が、「英雄の生涯」とたたえられ、人によっては日本における「叙事詩時代」の英雄としての評価がなされたのも、あながち偶然ではない。戦場に赴く兵士たちの「英雄」的象徴としても、時の権力によってたくみにこの尊の生涯が生かされてきた。

尊をめぐる謎

かつて、東宝が三億五千万円の巨費を投じて千本製作記念「日本誕生」という

尊の評価

映画をつくったが、その中心人物にこの尊をすえたのも、国民のいだく日本武尊のイメージを、現代風に再現しようとするこころみであったといえよう。

しかし、はやまってはならぬ。これまでの尊の評価は、はたして正当なものであったであろうか。尊をめぐる郷愁（きょうしゅう）にも似たなにものかは、『古事記』や『日本書紀』の描く日本武尊の姿からすぐさまよみがえってくるのであろうか。そこには『記・紀』（以下『古事記』と『日本書紀』をさす）以前の〝たけるのみこと〟の物語よりくるかおりがただよってはいないか。

少し注意深く、『記・紀』の日本武尊説話をよんだ人であるなら、日本武尊の『古事記』でのとりあつかいと、『日本書紀』でのとりあげ方が、いちじるしく異なっていることに気づかれるであろうし、そしてまたこの尊の説話と歌謡に、貴族的な宮廷の雰囲気（ふんいき）と、民衆的な土くさいにおいが重なりあっていることに思いいたられるであろう。

こうした違いと重なりぐあいは、いったいどのような秘密にねざすものであるのか。わたくしの最初の関心もまたそこにある。戦後における古代史研究の上でも、この尊をめぐる論著はかなりの数にのぼっている。たしかに日本古代史の中において、もっともクローズ゠アップされた人物の一人が、日本武尊であるといっても過言ではない。とりわけ一九四八年以後は、原始社会から文明の時代へと進んでゆくプロセスに出現する「英雄時代」の英雄として、この尊の意義づけがさかんになされてきた。歴史家だけではなく、文学者の側よりもそうした観点にたつ論著が公にされてきている。

だが、一口に「英雄」とはいっても、ホメロス Homeros（ギリシア最古最大の詩人）の「イリアス」や「オデュセイア」の英雄とこれをただちに同一視することはできないし、日本における「英雄時代」の顕象も、まだ緒（いとぐち）についたばかりで、日本における「英雄時代」を既定の事実として出発するわけにはいかない。尊が「英雄叙事詩」

の英雄であるというからには、それがどのような意味においての英雄なのか。王権の世襲化が、かなり早期に実現する日本の古代において、この尊の説話が、どのようにして形づくられたかを、少なくともはっきりさせないことには、その英雄形象も概念の空転に終わるおそれがある。

君主像の投影か

　またこの尊の説話を天皇制の確立した時期の力ある君主像の投影であり、『記・紀』述作者のデスク〃プランであるといってしまうだけでは、問題は依然として解決しないのである。第一それでは『記・紀』両書の間のくい違いや、あるいは民謡風な、あるいは民間信仰的な、歌謡と説話の介在を説明しつくせない。

　わたくしたちは、戦前・戦後の日本武尊研究史をふりかえる前に、まずなによりも、その出自（しゅつじ）と説話内容の検討に眼を向け、なるべくこれまでの諸説にとらわれないで、これを虚心にみつめてゆくことが必要である。その過程を通じて尊の人間像とその背景の糸をリアルにたぐりだしてゆくことが大切だと考える。

以下にかなり面倒な考証をしたり、推理をしたりしているのも、人物の実態が、正確な史実と説話の妥当な位置づけなしには、すっきりしてこないと思うからである。とくに日本武尊の場合などは、その実在性が確然としているわけではないから、その作業が少なくとも前提になる。

いまわたくしの前には、かなりの難問題がこの尊をめぐって存在している。ただ『古事記』や『日本書紀』の物語をそのままに述べてすますわけにはいかないのである。それによって読者のイメージがこわされたとしても、落胆しないでいただきたい。それはこの尊を正しく評価するために一度はたどりつかねばならぬ一里塚であるのだから。

父と母

日本武尊（倭建命ともかく）は、いうまでもなく熊襲の〝たける〟が奉った名称である。正しくは小碓命（おうすのみこと）（小碓尊。古訓〃をうす）という。『記・紀』両書に明瞭に記されているのは、その父が景行天皇であり、母が播磨（兵庫県南部）の伊那毘（いなび）（稲日）の大郎女（おおいらつめ）であったことである。その点は二つの書物に共通している。

さてその兄弟はどうか。同母の兄弟として『記・紀』両書に共通してみえるのは、次の皇子である。一人は大碓命であり、一人は『日本書紀』の一書が伝える倭根子皇子である。『古事記』は倭根子皇子を倭根子命とも記している。

兄弟が〝お〟と〝を〟を並列的に称する例は他にもある。たとえば意祁（顕宗天皇）・袁祁（仁賢天皇古訓をけ）の場合などがそれである。お・をが大・小を現わし、兄弟相称であることは容易に推測できる。倭根子というのは、孝霊天皇や孝元天皇更には開化天皇の日本風の諡号にもつけられていて、天皇名の普通名詞化したものにみられるが、皇子の一人にこの称をもつもののあることがまず注意をひく。『日本書紀』が他の皇子には「尊」をつけているのに、この王が「皇子」でよばれているのはあるいは後世の反映であるかも知れぬ。

ところで『記・紀』両書に共通しない同母兄弟はどうか。『古事記』では櫛角別王と神櫛王をあげている。しかるに『日本書紀』の方は神櫛王は、五十河媛の子としており、すでに同母兄弟の系譜にも異同がある。

〔古事記の系譜〕

- 垂仁天皇――景行天皇
- 若建吉備津日子――伊那毘大郎女、伊那毘若郎女
- 景行天皇・伊那毘大郎女
  - 櫛角別王
  - 大碓命
  - **小碓命**
  - 倭根子命
  - 神櫛王

〔日本書紀の系譜〕

- 垂仁天皇――景行天皇
- 景行天皇・稲日大郎姫
  - 大碓尊
  - **小碓尊**
  - 稚倭根子皇子（一書）

母の妹

『古事記』の方でも、皇子のよび名が一方が命となり、他方が王となるというように、称号の上で、命より王への過渡的な姿がみえるが、なお一層見逃せないのは、母の姉妹関係である。すなわち『古事記』では、小碓命の母である伊那毘大郎女は、伊那毗若郎女(いなびのわかいらつめ)とは姉妹関係とするのに対して、『日本書紀』の方は稲日大郎姫を「一にいう、稲日稚郎姫(いなびのわかいらつひめ)」として同一人物視していることである。

帝紀の性格

このように皇室の系譜が、まちまちになっているのは、なにも日本武尊の場合に限ったことではない。皇室の系譜を中心としてできあがった『帝皇の日継(ひつぎ)』(帝紀)には、たとえば「一書に曰(いわ)く」というようにいろいろな所伝があり、そのできあがった時点での加上・削減があって、最終的には『記・紀』をつくりあげた人々の歴史意識によって、削り改められているところが多いのである。事実『帝紀』にはたくさんの古い字があって、選び集めた人が、たびたび遷(うつ)し易(か)えていると『日本書紀』自らが注記している(欽明天皇の条)。『古事記』の方でも、序文の中で、その問題にふれて、いろいろの家でもっている『帝紀』や上古の諸事を記した『本辞』(旧辞)が、すでに事実に違っており、たくさんの虚偽が加えられているから、これを正しく定め直すのであると述べている。『記・紀』の性質よりいって、たいへん重要な日継(ひつぎ)(王権の世襲)について、このような異同があるのもそのためであるし、またその異同のあり方が、今日の学者がもとの帝紀(原帝紀)を見定めてゆく、ひとつのてがかりとなりうるものである。その点からも倭根子命なども問題となりうるものであろう。

母の出自

さて、この系譜の検討の中で、一番興味深いのはどの部分か。それは母の出自である。『古事記』によると、小碓命すなわち倭建命の母――播磨の伊那毘大郎女は、吉備(岡山県・広島県東部)の豪族の祖先の出であるということになる。つまり、吉備臣(きびのおみ)の祖先とする若建吉備津日子(わかたけきびつひこ)を父とする。そこで若建吉備日子という人物がうかんでくるが、この人は『記・紀』の系譜では、孝霊天皇が蠅伊呂杼(はえいろど)(絙某弟とも書く)

をめとって生んだ皇子ということになるから、だれもがちょっと首をかしげたくなる。

というのは、小碓命の父である景行天皇は、孝霊天皇の五世の孫にあたっているからである。景行天皇が、父よりもずっと前の若建吉備津日子の娘を后としたというのは、どんな人が考えても不都合な話である。

宣長の説

このことについて本居宣長は、時代が違っているようにみえるが、古代の人はたいへんに寿命が長かったのであるから、「深く疑うべきにあらず」(『古事記伝』)といっている。けれども、いかに宣長翁の説とはいえ、これはあまりに強引な見解で従えない。平安時代にできあがったものではあるが『新撰姓氏録』には、日本武尊につき従った吉備建日子(きびのたけひこ)が、若建吉備津日子の子であるとする系譜が述べられているところをみると、父子の名が似通っているのより推して、その間にはいく人かの吉備津日子が存在したと想定した方がよさそうである。一種の世つぎが名つぎであることをともなう例もありうるから、そのように考えてみることも可能であろう。

播磨の吉備氏

しかし、こうした不都合はさておくとして、この伊那毘大郎女の系譜について、もっと注意されてよいことがある。それはこの人が播磨(針間)の出身であることを『古事記』が明記しているばかりか、播磨の吉備氏と関係をもつ系譜伝承の上に位置しているからである。

尊の母が名とする伊那毗(稲日)というのも播磨国の印南という地名にもとづく。このことは『万葉集』に記す「伊那美国波良」(巻一)や「稲日野」(巻三)というのが、印南郡地方(兵庫県加古川以西)を意味していること、更に『和名抄』が、伊奈美として印南をあげているのでもわ

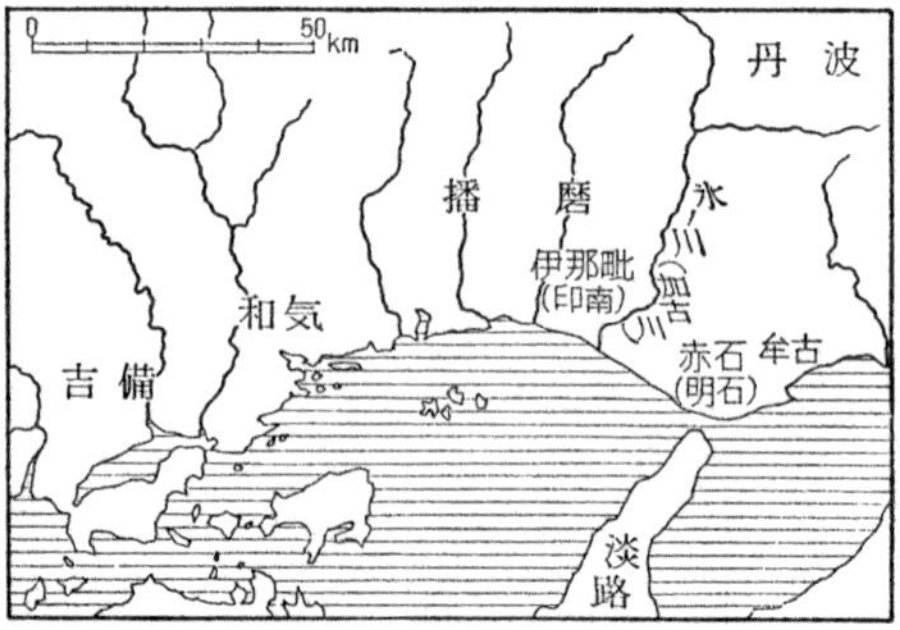

播磨近傍図

かる。そればかりか、この印南地方は古くから吉備氏と深いつながりをもっていた。

孝霊天皇の時に、大吉備津日子と若日子吉備津日子とが、吉備国を言向(ことむ)けたという『古事記』のくだりに、播磨を道の口として氷(ひ)の川（加古川）で清めた瓮(かめ)をすえたという説話がみえており（敵をことむけるのに忌瓮をすえる話は『崇神天皇記』の日子夫玖の場合にもみえる）、また奈良時代にできあがった『播磨国風土記』にも、その地方に吉備比古・吉備比売が居住していたと述べていたりして（印南郡の条）、古い記録の上で、播磨吉備氏の存在が知られるのである。

播磨守の言上

それればかりか六国史(りっこくし)のひとつである『続日本紀(しょくにほんぎ)』には、より明確にその存在を物語るものがある。七六五年（天平神護元年）の条にみえる播磨守日下部宿禰(くさかべのすくね)子麻呂らの言上がそれである。その言上によると、播磨国加古郡の人である馬養造(うまかいのみやつこ)人上の祖先は、吉備上道臣息長借鎌(きびかみつみちのおみおきながかりかま)であって、仁徳天皇の時に、播磨国印南野に居住したものであると申している。そして借鎌は、吉備都彦(きびつひこ)の後裔であると述べてもいる。

考古学上の最近の成果についてみても、加古川以西の地帯と吉備文化の関連が濃厚であることが実証されつつあるが、おそらく吉備氏の勢力は、西から東へと次第に浸透していたのであり、そのことが前記の孝霊天皇の吉備征討説話に反映して、加古川における吉備津日子の呪術的な説話として宮廷の旧辞の世界に定着をみたのであろう。

吉備氏とのつながり

このようにみつめてくると、母の系譜が播磨国印南の吉備氏と関係をもつことが判明する。日本武尊の説話には、『古事記』の方では、その随行者として吉備臣の祖先であるという御鉏友耳建日子（みすきともみみたけひこ）が登場しており、また『日本書紀』の方でも、吉備武彦が従っているが、こうした吉備氏とのつながりは、その母方の系譜の中にも、すでに認められるのである。

そのことから、わたくしは、日本武尊説話のくみたてに、吉備氏の伝承（家伝）がひとつのはたらきを及ぼしていることを指摘したいのである。

別嬢の系譜

なおここで一言申し添えておきたいことがある。それは同じく『播磨国風土記』に、次のような別の伝えがみえていることがらについてである。前にも少し書いておいたように、『日本書紀』の一本(あるふみ)の説では、稚郎姫と大郎女(日本武尊の母)とを同一人物視しているが、『風土記』では、稚郎姫(若郎女)を別系統の別人物としており(南毗都麻(なびつま)の地名説話)、左の如き系譜関係を伝えている。

景行天皇 ─┬─ 真若王など(古事記)
　　　　 ┆
此古汝茅 ─┬─ 印南別嬢(風土記)
吉備比売 ─┘

丸部氏の祖

それによると、稚郎姫(印南別嬢)は、成務天皇の時に、丸部(わにべ)氏の祖先とする比(ひ)古汝茅(こなむち)が印南の吉備比売をめとって生んだ女性であることになる。そしてたいそう美しい女性であったから、景行天皇が妻どいしようとしたというものである。

後の方の話は、成務天皇は景行天皇の次の天皇であるのだから、つじつまがあわないが、これは多分伝承上の誤りか、地名説話特有の附会にもとづくものであろう。いずれにしても、この場合も、稚郎姫が印南の地について語られ、母が吉備比売であるとする系譜のタイプは、大郎女と類似している。

『記・紀』の系譜と『風土記』の系譜とのくい違いについては、これまでにも意見を述べた人がある。ひとりは栗田寛であって、氏は、稚郎姫の父が『古事記』などと異なって、比古汝茅となっているのは「若建吉備日子の名たり」――すなわち吉備津日子の別名に他ならないとした(『標注』)。しかし、これは『古事記』を重んじてこじつけた説である。井上通泰氏が、「そは甚しき強辞なり」(『新考』)といわれたように我田引水の見方である。

静岡の浅間(せんげん)神社宮司家所蔵になる『和邇部(わにべ)氏系図』には、孝昭天皇の八世の孫として彦汝命(ひこなむちのみこと)の名がみえ、その子に印南別嬢命(いなみわきいらつひめのみこと)とする伝えもあるのであるから（日本古典文学大系本『風土記』頭注）、これをただちに捨て去るわけにはいかない。むしろ『日本書紀』などの開化天皇の系譜に奈良盆地北東部に拠点をもつ丸邇臣の祖先が介入しており、丹波道主命の系譜関係に、その氏の祖が現われてくるところをみると、丸邇氏の政治的進出を背景として生れてきたひとつの所伝として一応尊重すべき所伝であろう。ともかくも、系譜記事が、ひとり宮廷の『記・紀』述作者の恣意によってつくられたものでなく、こうした吉備氏の伝承をもくみいれていることだけは、はっきりしているのである。

二　太子の意義

日本童男

小碓命は、亦の名を倭男具那命（日本童男）ともいった。これはヤマトのすぐれた童男という名である。『日本書紀』には、『書紀』独特の文飾によって、尊は幼少の頃から雄略の気があり、容貌は魁偉で、身のたけは一丈もあったと記し、また中国史書の表現をかりて、その力はよく三足両耳の釜(鼎)をもちあげたと記しているが、「童男」を称する皇子の一人に雄略天皇があり、その人物の若き日の描き方がこの両者に共通するもののあることは興味深い。

すなわち後にもふれるように『古事記』には、美濃国(岐阜県)の兄比売と弟比売を、兄の命(大碓命)が、景行天皇の命令にそむいて奪ったことがある。その時小碓命は、大碓命を待ち捕えて「つかみひしぎて、其の枝に引きかけて、こもにつつんで投げうてつ」と述べている。あらあらしい勇猛さをよく表現している。

雄略天皇の場合

雄略天皇の場合には、『古事記』に、その兄黒日子王を「其のころものくびをとりひき出でて、刀を抜きて打ち殺し」、更に白日子王を「穴を掘りて、立ちながらに埋めしかば、腰を埋づむ時に至りて、両の目走り抜けてぞ死せたまひける」と表現していて、童男の性格の一端を物語っている。

テリブルな君主

こうした童男の描き方は、即位以前のテリブルな君主の側面を、『記・紀』の述作者たちが意識してとりあげたことによる点にかかわりがあろうが、成年の式をあげる前の〝ひつぎのみこ〟の勇猛さとして記憶にとどめられていた片鱗の現われとみられないこともない。というのは、雄略天皇の場合には、正式に皇位をついでいるわけだが、小碓命も、実は〝ひつぎのみこ〟の一人であったからである。

このような〝ひつぎのみこ〟の勇猛さは、『隋書』（倭国伝）にみえる「弟王」の性格や皇太子中大兄皇子（なかのおおえのみこ）の場合などに端的に物語られている軍事的裁判権の保持と共に大いに注目すべき点である。

異母の兄弟

いまこのことをはっきりさせるために、異母の兄弟の系譜と「太子」の内容を検討しておこう。『古事記』によると景行天皇の皇子は「録（しる）せるところ二十一王、記さざるところ五十九王」であったとし、『日本書紀』も「八十子」と記しているが、『記・紀』の記す皇子・皇女の名と数は、およそ次表(A)・(B)・(C)・(D)のとおりである（前にかかげた小碓命の同母関係は重複するのでその系譜は省略する。八ページ参照）。

四つの型の系譜

(A) 生母が『記・紀』両書において同じであり、共通にみえるもの

(B) 生母は『記・紀』両書において異なっているが、同の両方にみえるもの

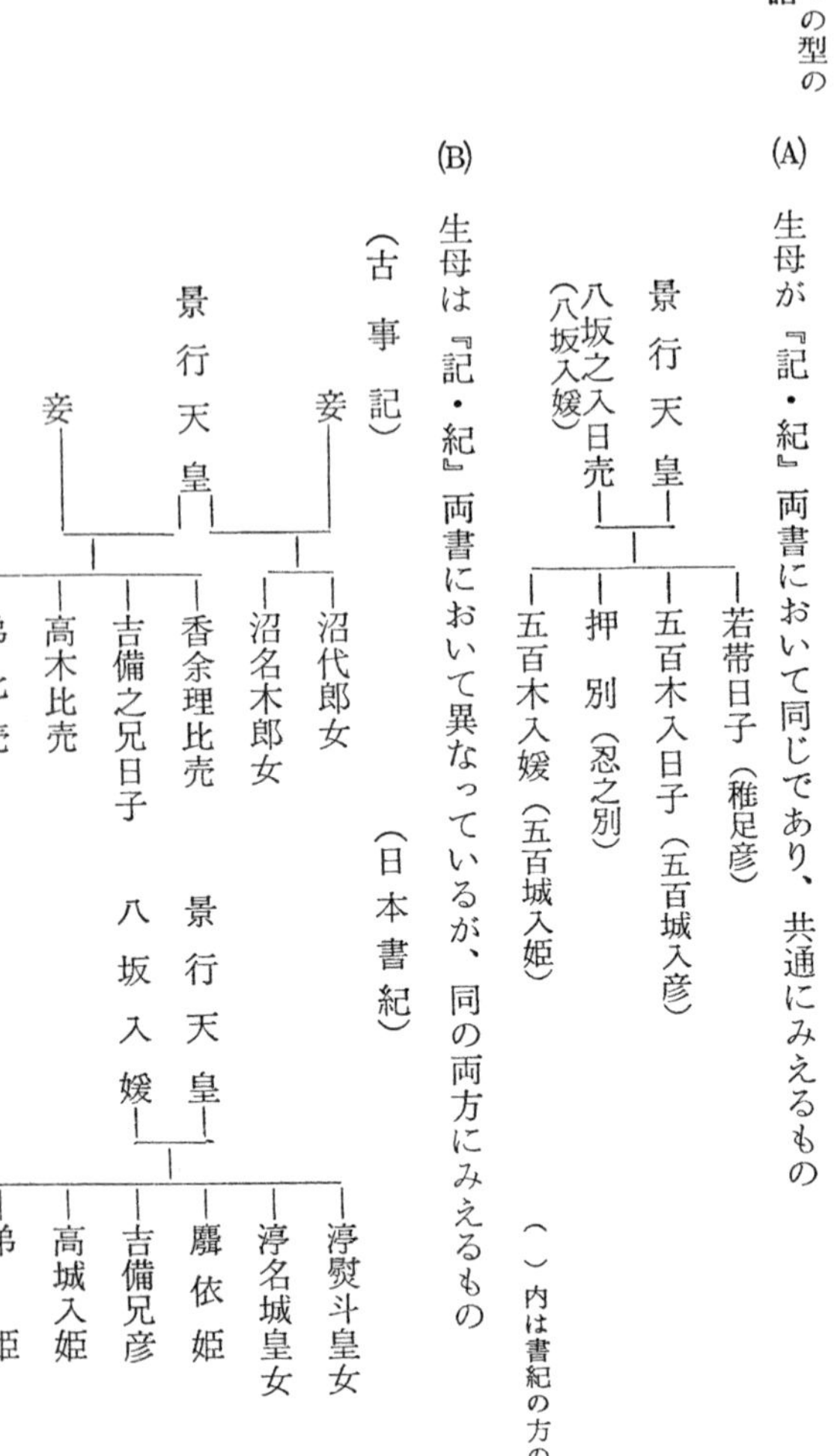

(C)『記』と『紀』で別々に伝えているもの

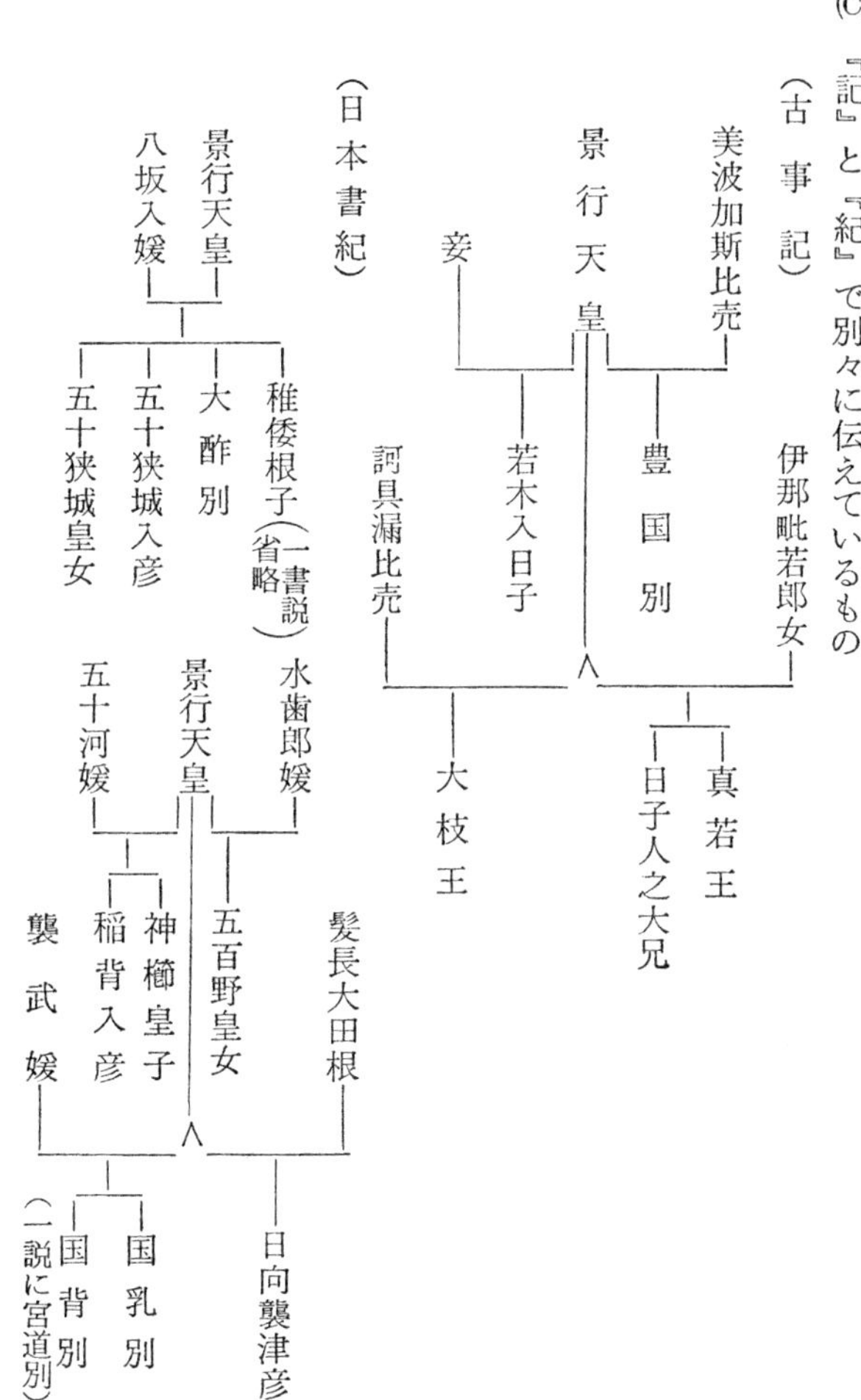

(D)『記・紀』両書にはみえているが、同母と断定し難いもの

景行天皇
　├──豊戸別
妾（襲武媛）

以上のようになっている。これに小碓命関係の前にかかげたものを加えると、『記・紀』両書にみえるものの総計は十四（皇子八・皇女六）、別々に伝えるものは十五（皇子十二・皇女三）となる。あわせて二十九人におよぶ（ただし稚倭根子の場合のように本文と一書で重複するものは一人とする）。

八十の子

そうしてみると実数は、八十には達しない。「記さざるところ」というのは『帝紀』にみえないことをいうのであろうが、この八十という数が、一般に多数を示す意義で用いられたものであり、これを『記・紀』編者が実数化した誤りであることは、すでに津田博士が指摘されたとおりである（『日本古典の研究』上）。『記・紀』によるとそ

れら皇子は諸国に分封されたことになっているが、その系譜の延長に讃岐国造などが加上されているところをみても（(C)・(D)に多い）、それが倭王権確立後の政治情勢を反映してつくられたものであることがほぼ推定される。

むしろ『記・紀』両書に記す（A）ないし（B）にみえる皇子・皇女の名の方がもとの『帝紀』に近いものであろう。こうした加上や附会にもとづく誤りは、たとえば、『古事記』に、倭建命の曽孫にあたる須売伊呂大中日王（すめいろおおなかつひこ）の娘（訶具漏比売）を景行天皇がめとって、大枝王（おおえのみこ）を生んだとする不合理な系譜の内容にも表面化している。倭建命は、系譜の上では景行天皇の子であるのだから、その曽孫の娘をめとるということは、話としてもなりたたない。これなどは別の伝えを加上した一例である。

太子の名

しかしながら、そのすべてを『記・紀』をつくった人々の作為として捨て去ってしまうのも危険である。なぜなら、そこには、〝ひつぎのみこ〟（太子）をめぐって注意すべき記述が『古事記』に記載されているからである。つまり若帯日子命（後の成務天皇）と倭建命（小碓命）と五百木之入日子命の三人の皇子は、「太子の名」を負う皇子であったととくに記されている。このことは『日本書紀』にあっても例外ではない。この三皇子を「除きて」他の皇子を諸国に分封したとするのである。それはまさにこの三人が「太子の名」を負う皇子であったとする伝えを意識しての書き方である。「太子」の古いよみは「ヒツギノミコ」・「ヒツギノキミ」というのが正しいが、本書の主人公小碓命は、とりも直さず、その〝ひつぎのみこ〟の一人なのであった。

太子の性格

ここにいう「太子」は後の皇太子とは少しく性格が違う。すでに古く本居宣長がそのことに注意し（『古事記伝』）、近くは家永・石井両氏が指摘されているように（家永三郎「社会経済史学」八の六、石井良助『大化改新と鎌倉幕府の成立』）、大化改新以前にあっては、一人の皇族を次の皇位継承者として特別待遇する慣習はなく、皇子の中にいくたりかの〝ひつぎのみこ〟があっ

隅田八幡神社所蔵の画像鏡

この画像鏡の銘文は、熊本県江田船山古墳出土の大刀銘文と共に、日本最古の金石文のひとつとして有名なものである。男弟（おおと）王（継体帝?）が意柴沙加（おしさか）の宮にいた時、斯麻（しま）が王の長寿を祈って穢人と今州利にこの鏡を鋳らしめたというのが銘文の大意である。大王とか王とかいう用字があり、六世紀前後の王者の性格の一端を物語っている。

て、その中から皇位継承者が現われたのである。いいかえれば、王権は世襲としてかなり早く天皇家のミウチに固定化したが、氏族共同体的な関係が次第に変質しながらも、ミウチの皇子のグループを媒介としてうけつがれていったわけである。

神話にみえる天照大神（あまてらすおおみかみ）の高天原統治、月読命（つきよみのみこと）の夜の国の支配、須佐之男命（すさのおのみこと）の海原（うなばら）の分掌なども、古い皇位の継承のしかたにつながるものであるし、また『日本書紀』の垂仁天皇の条にみえる五十瓊敷命（いにしきのみこと）と大足彦命（おおたらしひこのみこと）と菟道稚郎子（うじのわきいらつこ）などのような〝ひつぎのみこ〟の存在も、他の多くの例（『神代紀』『神武天皇紀』『崇神天皇紀』など）にみられる二人ないし三人の〝ひつぎ〟の皇子の場合と同様に、そうした大化前代の王権継承法を反映したものと考えられる。したがって大化改新後も、中大兄皇子とならんで古人皇子が「太子」として書かれたりするわけである。

倭の五王の王権継承

王権の継承について、かなり明確な記述がみられる、五世紀の日本の王のことを記した『宋書』(夷蛮伝)によっても、そのことが傍証される。そこには倭の五王のことが述べられているが「讃」という王が死んで「弟珍」という王が即位し、「済」という王が死んで「世子興」という王が次に立ったことがみえる。『梁書』にもそのことがふれられているので、日本側の『記・紀』の世つぎと対照してみると次のようになる。

五王の系譜

(宋書)
讃
珍
済―興
　　武

(梁書)
賛
弥―済―興
　　　　武

(記・紀)
仁徳―履中
　　　反正
　　　允恭―安康
　　　　　　雄略

この場合三史料に共通している系譜上の関係は、済王以下の王である。したがって済を允恭天皇とし、興を安康天皇とし、更に武を雄略天皇とすることは、きわめて自然である。だが『宋書』には、珍と済のつながりを明記していないから、讃が仁徳天皇であるのか、履中天皇であるのか、はたまた応神天皇であるのか、この限りでは断定しにくい。同様に珍についても、反正天皇説と仁徳天皇説があって、なお検討すべき余地がある(上田『京大国史論集』)。

改るまじき常の典

しかしはっきりいえることは、五世紀の段階でも、王権は兄弟によってうけつがれる場合と父子間にうけつがれる場合があったことである。父子相承と兄弟相承の二つの形態が混在しているのである。『続日本紀』の慶雲四年(七〇七)の宣命の中には、「天地と共に長く」そして「日月と共に改るまじき常の典(のり)」として直系相承による嫡子相続が天智天皇の時に定められたとしている。しかしながらその段階と大化前代との王権の世襲内容とは、同一視するわけにはいかない。また奈良時代の漢詩集である『懐風藻』の中に「日嗣をたてんと謀る」（葛野王）とある〝ひつぎ〟とも、性格の異なっていることをみておかねばならぬ。

倭国の乱

したがって三世紀の日本の状態を中心に述べている中国の『魏志』（倭人伝）が、倭の国が乱れて、互いにたたかい、その後に「共に一女子を立てて王となす」と記したり、また一女子つまり有名な卑弥呼（ひめこ）が死んだので、宗女壹與（いよ）（臺與（とよ）カ）を立てたと述べている段階とも異なるのである。

国造の首長権

このことは、大化前代の豪族たちの首長権のうけつぎ方からも推定できる。史料は奈良時代のものになるが、紀伊の国造（くにのみやつこ）や大和の国造などの場合には、その相続は、けっして単純な父子相承でもなかったし、嫡々相承でもなかった。これなども、大化前代の首長権の世つぎのしきたりにもとづく遺制によるものであろう。もとより王権は、中央ではかなり早くから天皇家のミウチのみが継承しうるとする慣行が是認されていたわけだが、しかしそれはミウチ的な承家相承としてうけつがれていった。だから〃ひつぎのみこ〃が複数化しえたわけだし、その故にこそ豪貴族の勢力関係によって、〃ひつぎのみこ〃をめぐるひつぎあらそいが、かなり頻繁におこりえたのでもある。

A型の皇子

このようにみてくると、「太子の名」を負うという小碓命の文献伝承は、ひとつの意味をもっていることがわかるだろう。そこで三皇子の中の二皇子、つまり若帯日子と五百木入日子の問題を、これと関連してみきわめておく必要がある。

先の分類に従えば、この両皇子は、系譜の上では(A)型に属する人々である。すなわち『記・紀』両書にみえていて、生母を同じくしている。母は八坂之入日売(やさかのいりひめ)である。八坂之入日売は、父を八坂入日子(やさかいりひこ)とする。

崇神天皇
　├─八坂入日子命─八坂之入日売
意富阿麻比売
　　　　　　　　　　　　　　　├┬─若帯日子命
　　　　　　　　　　景行天皇　　└─五百木入日子命

八坂入媛のこと

『日本書紀』によると、八坂入媛は、播磨の大郎姫が天皇の五十二年五月に薨じたので、その七月、この人が皇后になったとしている。さて系譜伝承の上では、この人はどのような位置をしめているのであろうか。まず尾張氏との関係のあることに気づく。というのは、その父八坂入日子の母である意富阿麻比売（おほあまひめ）は、系譜の上では、「尾張の連の祖」とされているからである。後で詳しくいうように、景行天皇の出来事や日本武尊の東征説話と美濃・尾張地方は、濃厚な関係をもつが、八坂入媛が、尾張連の系譜伝承とつながりのあることは見逃せない。

若帯部

その子若帯日子の実在性は、『記・紀』のとおりに解釈できないとしても、大宝二年（七〇二）の「美濃国戸籍」には、若帯部（わかたらしべ）を名のるものがあり（味蜂間（あはちま）郡・本簀（もとす）郡・加毛（かも）郡）、若帯というのが普通名詞であるとしても、その名をうけついだ部民があった。若帯日子が〃ひつぎのみこ〃であったことを思えば、この皇子名と美濃の結びつきは軽視できない。

五百木入日子については『記・紀』には確たる文献伝承がないのではっきり

しないが、『古事記』の応神天皇の条をみると、品陀真若王のことについて、五百木入日子が、尾張連の祖先とする伊那陀宿禰の女をめとって生んだとする分注記事があり、やはり尾張との関係が密接である。『延喜式』には、尾張国に伊富利部神社のあることを記載しているのも参考となろう。

かくて小碓命の母方の系譜が吉備氏に、他の二皇子のそれが美濃・尾張とりわけ尾張氏につながりのあることがほぼ明らかになったと思う。〝ひつぎのみこ〟たる三皇子が、吉備と尾張両氏の伝承を反映していることは、これら〝ひつぎのみこ〟の歴史的背景をさぐるひとつのてだてである。

第二　軍事団と口誦詞章

一　建部の分布

たけるの称号

日本武（倭建）というのは、いうまでもなく、熊襲が討たれた時に、熊襲の首長が小碓命に奉った称号である。これまでの解釈としては、普通に倭建というのは倭の勇者という名であって、必ずしも特定人物の称ではないとされてきた。しかしこの称号は、はたしてそのように簡単なものであろうか。〝ひつぎのみこ〟であり皇族将軍である小碓命に仮託して、この称が伝えられているのには、なにかもっと別の理由があったのではないか。わたくしの疑問はつきない。その疑問をといてゆくことからこの章の筆を進めよう。

三つのタイプ

古代前期にあって、〝たける〟の称号を名のっているものはかなりある。その中で特徴的なものを拾うと、次の三つのタイプが目立つ。まず第一は、古代前期の地方首長でたけるを称するものである。第二は、日本武尊や雄略天皇のように皇族将軍または軍の総帥としての天皇や太子で、たけるを名のるものである。そしてそれは前にも少し記したように、テリブルな説話内容をもっている。第三は、比較的新らしく中央の政界に登場した蘇我氏や阿倍氏などのように、やはり軍事について注目すべき行動をとった氏族の始祖たちに名づけられているものである。

この他にも、たんなる形容語としてたけるを称するものもあるが、顕著な特色は、およそこの三つのタイプにわけてみることが可能である。第一のタイプからみてみよう。

地方首長のたける

まず地方首長ならびにその祖先たちで、この称をもつものの代表的な例は吉備氏である。わたくしの眼にふれた二―三を記すと、稚武彦（わかたけひこ）（『孝霊天皇記』）・若日子建吉備津日子（わかひこたけきびつひこ）（『孝霊天皇記』）・吉備武彦（きびたけひこ）（『景行天皇紀』）・御鉏友耳建日子（みすきともみみたけひこ）・吉備臣建日子（きびのおみたけひこ）（『景行天皇記』）などの場合がそれである。

古代前期にあって、吉備氏が交通・軍事・産業の上での要地においてひとつの勢力を形づくり、ヤマトの勢力に対抗したことは、考古学上の知見ばかりでなく、吉備臣の再三の叛抗伝承（『雄略天皇紀』）や星川皇子の変の時に示した吉備氏の動向（『清寧天皇紀』）などからも充分に窺われる。そして後には采女（うねめ）の貢上などを通じて皇室系譜にも介入してゆく（『応神天皇紀』の吉備兄媛を妃とする系譜や、『雄略天皇紀』の吉備上道の采女大海の話などがそのことを物語る）。したがって、この地方が倭王権にくみいれられていったその際に、祭祀関係を媒介（ばいかい）としながら、初期の

寄棟造の倉（埴輪）

倭王権の地方支配体制である県(あがた)の制が濃厚にこの地方に施行されたわけでもある(上道県など九県)。したがって更に中央官人の派遣による吉備の白猪屯倉(しろいのみやけ)や児島屯倉(こじまのみやけ)などの経営が積極的におし進められるわけでもある。このことは、この地方が古代前期の地方小国家の中でも、とりわけ重要な位置を占めていたことを前提とするものであり、この地方の古墳が、古墳文化の上で、地域的な特色をもつのも、けっして偶然ではない。こうした地方小国家の首長が、〝たける〟号を名のるのも、〝たける〟伝承のひとつのあり方を物語るものである。そしてこの地方には、後述するように建部が存在した。

熊襲と出雲

次の代表例は、熊襲および出雲のたけるである。熊襲地方の首長をたけると呼んだことは、熊襲八十梟帥(くまそやそたける)・川上梟帥(かわかみたける)がもっとも有名である。いずれも『書紀』の古訓はタケルとしている(『景行天皇紀』)。『古事記』の方にはもっと明確に熊曽建(くまそたける)と書いている。出雲の場合にも、出雲地方の伝承上の古い首長は、出雲建とか伊豆毛多祁

若建命

流などと称されている（『景行天皇記』）。出雲臣の祖先とする天穂日命（あめのほひのみこと）の児、天夷鳥（あめのひなとり）が（『出雲国造神賀詞』）、『古事記』の神話に建比奈鳥と記されているのも参考になろう。そして出雲国や熊襲地方にも建部が存在している。

このようにみてくると、第一のタイプの〝たける〟号が、地方小国家の首長のとなえるものの中にあり、しかも出雲・熊襲の場合でも、それぞれヤマトの勢力が、これを政治上とくに重要視した地方での例に著しいことを知ることができる。

第二のタイプはどうか。小碓命が〝たける〟号を名のったことはいうまでもないが、雄略天皇もまた〝たける〟号を日本風の諡号（しごう）の中にもっている。すなわち大長谷若建命（おおはつせわかたけのみこと）とか、大泊瀬幼武尊（おはつせわかたけのみこと）というのがそれである（『雄略天皇記・紀』）。前者の小碓命は、熊襲の首長の服属を媒介として献じられたものであり、後者はその行為を背景に称されたものである。小碓命が西征の仕上げとして、この名を奉られているのは、この称がやはり西征という軍事関係説話の中でうかんできていることを物語る。雄略天皇の場合でも、眉輪王(まよわのみこ)の変に「甲を被り、刀を帯(は)きて、兵を率ゐて自ら将となり」(『雄略天皇即位前紀』)し君主であって、「国内の居る臣ことごとに皆振ひ怖(おそ)る」(『同天皇紀』二年の条)、という軍の統率者としての称として名のられている。こうした〃たける〃号が、軍事に関する武勇の称であることは、例の神武天皇の条にみえる神沼河耳命(かむぬなかわみみのみこと)が、いくさの武勇によって「御名を称えて」建沼河耳命ととなえられたという文献伝承によっても(『神武天皇紀』)傍証とすることができる。

日本武尊が、軍の統率者として活躍したことは多言を要しないが、雄略天皇の称も、軍の統師としての一面をもっていたことを思えば、この称が、たんなる形容語としての意味以外に、もっと深い意味内容をもつことが想像できるであろう。それは建部との関係においてもっと明らかにしておく必要がある。

阿倍氏の祖

第三のタイプはどうか。これは中央豪貴族の祖先たちで〃たける〃号を称するものである。阿倍氏の祖先の中に〃たける〃号をもつもののあることが注意をひく。阿倍氏の祖は、系譜の上では、大毘古命の子である建沼河別命であり(『孝元天皇記』分注)、また『崇神天皇紀』の条にみえる武渟川別もまた阿倍氏の遠祖とされているものである(『垂仁天皇紀』)。更に武国凝別という人があるが、この人もやはり阿倍氏木事の女である高田媛の生んだ人物であるとする(『景行天皇紀』)。これら一連の〝たける〟号は、形容語としての意味を加味しながらも、いずれも阿倍氏の祖先系譜の上にみえるものに多い。

蘇我氏の祖

蘇我氏の場合はどうか。その祖先系譜の中でももっとも著名なものは建内宿禰である。建内宿禰の子に、蘇我石河宿禰という人物があげられており、この人は蘇我臣らの祖先とする人物である(『孝元天皇記』)。蘇我氏の始祖伝承にみえる〝たける〟号の一例である。

蘇我氏や阿倍氏は、直接神代史とはかかわりはなく、平安時代においても皇族の系譜につながる皇別氏とされた氏族である(『新撰姓氏録』)。事実、この両氏が記録の上

堅塩媛の改葬

に姿をみせてくるのは、宣化天皇以後のことであり、阿倍火麻呂や蘇我稲目などが古い。伊賀(三重県)や倭(奈良県)に本貫地をもつ両氏の中央政界での活躍は、比較的に新らしいといわねばならぬ。七世紀のはじめの推古天皇朝に、蘇我馬子の妹である堅塩媛の改葬行事が盛大に行なわれたことがある(『推古天皇紀』)。その時に、阿倍内臣鳥という人が、蘇我一族と共に、誄を奏しているが(上田『神話の世界』)、両氏の関係の深いことは、この改葬行事に端的に示されている。蘇我氏の政界進出とその勢力下にあったと考えられる阿倍氏の祖先たちが〝たける〟号を名のっているのはなぜか。それは次のような事情をバックとして、蘇我氏などが誄の中で奏した「氏姓の本」の奏上などを通路として、新らしく祖先の系譜に加上された〝たける〟号であろう。建内宿禰の後裔とする氏族が、奈良盆地の南西部に拠点をもつものであり、この地域には大臣の家が多いが、大臣の最後である蘇我の政治的進出を背景に、『孝元天皇記』の系譜がだんだんまとまってくると考えられる。

力人

中央における親衛軍の編成は、五世紀の末頃より舎人部が重きをなすようになり、東国地方をふくむ伴造制度が強化され、軍事体制にも反映されてくる。こうした親衛軍体制の強化に対して、新らしく政界に登場した蘇我氏もまた私設軍事団をつくったと思われる節がある。親衛軍は宮門を護衛したが、蘇我氏も自らの門を守る人々を力人として組織し、漢直らに管掌させた。東国地方の人々を「東方儐従者」として、これらをつつみこんだ私設軍事団が設けられる段階（『皇極天皇紀』）、いいかえれば、蝦夷・入鹿の頃に、建内宿禰説話が最終的に完成されたものであることを考えると、建内宿禰の〝たける〟号は、まさに新らしい軍事関係を背景とする〝たける〟号であったと思われる。

推古天皇の時に行なわれた改葬行事に蘇我氏が「氏姓の本」を誄し、更にこの王朝の時に、『天皇記』・『国記』がつくられて、これに蘇我の島大臣が関係したこと、そしてそれが蘇我蝦夷の宅にあったこと（『推古天皇紀』『皇極天皇紀』など）、またこの時期における王室との婚姻関係の比率がはなはだ高いことなども参考となろう。

阿倍氏の場合も、軍事力につながりがあった。それは阿倍臣人(ひと)が物部守屋の討伐軍に参加して活躍し(『崇峻天皇前紀』)、更に筑紫の舟師を率いて百済王子恵(けい)を阿倍臣が護送したり(『欽明天皇紀』)、阿倍渠曽倍臣(あべこそへのおみ)が古人皇子の変に兵を率いてこれを討ったりした記事(『孝徳天皇紀』)によってもわかる。そのひとつの現われは斉明天皇朝の出来事にも具体化している。『書紀』の記事には、記事重複の疑いがあるけれども、斉明天皇の四年(六五八)に、阿倍臣の率いる水軍百八十艘が蝦夷征討に派遣されている。この年が有間皇子(ありまのみこ)の変のおこる年であり、しかも有間皇子の母が、阿倍氏出身の人であったことを思えば(『孝徳天皇紀』大化元年の条)、この政変の時に阿倍氏の軍事力が配慮されたといえないこともない。有間皇子をめぐる政変にあたって、改新派は阿倍氏関係の軍事力を配慮して征討にむかわしめるという慎重な計略をめぐらしたのであるかも知れない。

こうして、われわれは第三の新らしい〝たける〟号のタイプが、やはり軍事と関係があり、これらは、倭王権の建部設定などに新らしく対応するものであることを推測するのである。

建部の意義

これまで建部（たけべ）というのは、日本武尊の御名代部（みなしろべ）または御子代部（みこしろべ）であると通説では考えられてきている。しかしそれでは、建部の意義はほんとうに評価されたとはいい難いし、またそれでは、日本武尊伝説にひめられた謎の一斑を明らかにすることはできない。ここでわれわれは建部といわれるものの内容をふりかえってみよう。建部を称する神社や村、あるいは氏や戸は、古代の文献にはかなりの数がみえている。史料の断片に名をとどめる場合もあり、また記載もれの場合もあると考えられる上に、わたくしの眼にとどまらなかったと思われるものもあるから、次に示す各表にすべてのものがつきるとは限らない。しかしこれをみつめてゆくと、だいたい建部の分布と実態が推定できると思う。

(A)の表は、奈良時代の「戸籍」や地方の官吏が中央政府に上申する帳簿の附属簿すなわち「四度枝文」にみえる建部である。そしての国・郡・郷里の名を明らかにしうるものである。(B)の表は、建部を名のる国人で国の名や氏姓をたしかめうるものである。(C)の表は、建部郷および建部神社についてその所在を比較的明らかにしうるものである。

(A)

国名	郡名	郷里名	内容	備考
遠江	浜名	新居	建部	浜名郡輸租帳(天平十二年)
美濃	味蜂間	春部	建部	御野国戸籍(大宝二年)
同右	本簀	栗栖田	建部	同右
近江	犬上	大田	建部	西南角領解(天平勝宝九年)
同右	坂田	大原	建部	近江国大原郷長解(天長九年)

(B)

出雲	出雲	建部	建部臣・建部首・建部	大税賑給歴名帳（天平十一年）
備中	都宇	建部	建部	大税負死亡人帳（天平十一年）
同右	賀夜	葦守	建部	同右
筑前	那珂	伊智	建部	万葉集（巻五）
同右	嶋	川辺	建部	筑前国戸籍（大宝二年）

国名	郡名	内容	備考
常陸	行方	建部	常陸国風土記（孝徳朝）
信濃	更級	建部大垣	続日本紀（神護景雲二年）
近江		建部公伊賀麻呂	続日本紀（天平神護二年）
同右	犬上カ	犬上建部君	記・紀（景行・孝徳朝）
紀伊		建部今雄	三代実録（天慶三年）

出雲		建部志麻売	出雲国計会帳（天平六年）
讃岐	鵜足	建部秋雄	三代実録（仁和元年）
筑前		建部公豊足	周防国正税帳（天平十一年） 続日本紀（天平二十年）
筑後		建部公貞道	三代実録（仁和元年）
肥後	飽田	建部公弟益 建部公真雄	日本後紀（弘仁六年） 続日本後紀（承和十年） 三代実録（貞観三年）
日向		建部史生	日向国計帳（未詳）
薩摩		建部神嶋	薩摩国正税帳（天平八年）

（C）

国名	郡名	郷里名	神社名	備考
下野	那須		建武山	延喜式神名帳
尾張	中嶋	建部		尾張国検川原寺田帳（天長二年）

美濃	多芸	建部		和名抄
同右	石津	建部		同右
伊勢	安濃	建部		同右
能登	羽咋		建部	神道大辞典
近江	栗太		建部	延喜式神名帳
出雲	出雲	建部		出雲国風土記・和名抄
美作	真島	建部		和名抄
同右	大庭		建部	神道大辞典
備前	津高	建部		和名抄

以上の他にも、尾張地方と関係があると推定される丹羽建部君や、伊勢地方と関係があるかも知れぬ阿努建部君（『旧事本紀』）、また神社では建部神社の社名と似通

吉備の叛乱伝承

う上野国（群馬県）の牟武神社、倭の建神社などもあげられるが、速断をいまにわかに下すことは危険であるから、一応表からは除外してある（他に上野国国分寺文字瓦に武部の名がみえる。また建部人上などが『続日本紀』に登場する。）。

この各表によってみると、いわゆる建部の分布は、東は常陸、西は薩摩にいたる各地域に存在しており、とくに濃厚な分布地域は、吉備・筑紫・出雲・美濃・近江の各地域であることがわかる。吉備は前にも少し書いておいたように、古代前期においては、軍事的にも中央にとっては重要な地方であった。吉備下道臣前津屋（しもつみちのおみさきつや）の誅殺（ちゅうさつ）事件、吉備上道臣田狭（かみつみちのおみたさ）の

建部分布図

叛乱(『雄略天皇紀』)、更に星川皇子の変における吉備上道臣の呼応事件(『清寧天皇即位前紀』)の各文献伝承や征新羅軍強化のために備中国下道郡の「郷の軍士」が徴発されたり(『備中国風土記逸文』)、吉備大宰が置かれたことなども偶然ではない。

筑紫地方は、六世紀初葉のことと伝える国造(くにのみやっこ)磐井(いわい)の叛乱のあった地方であり、同時にくり返し行なわれる新羅征討軍の兵站基地としての積極的意義をもつ地帯であった(『継体天皇紀』など)。したがって、筑紫の国造が征新羅軍に参加したり(『欽明天皇紀』)、筑前の嶋地方が、兵糧米の集積地になったのも(『推古天皇紀』)軍

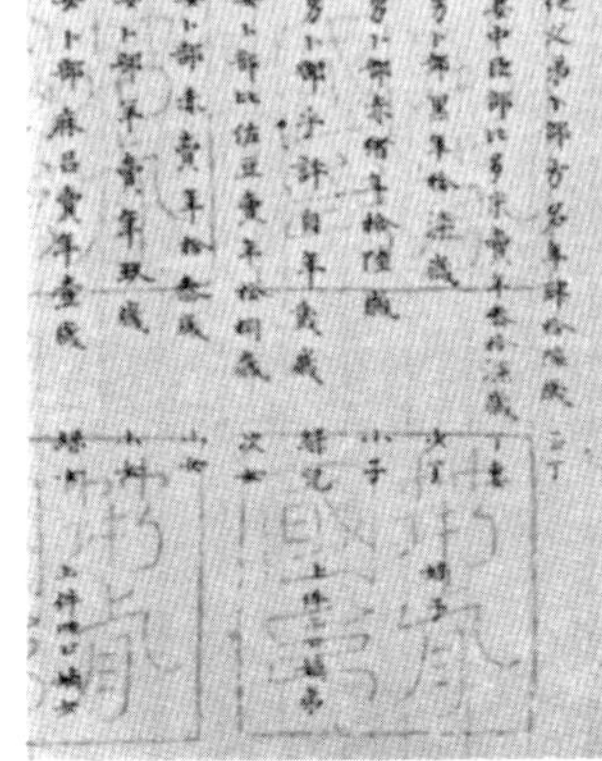

大宝二年筑前国川辺里の戸籍の一部

事上の当然の要請にもとづくものである。

出雲の性格

出雲地方が、地方国家としての独自性を長く持ちつづけ、その地方が軍事的にも重要視されたことは、出雲振根（いづもふるね）の誅伐記事や神宝貢上のこと（『崇神天皇紀』など）によっても、更にこの地方の『風土記』が他の国のそれに比べて、著しく軍事的記事が多いことなどによってもわかる。

美濃と軍事

美濃もまた例外ではない。日本武尊東征の説話が、美濃に多くの筆をついやし、壬申（じんしん）の年（六七二）の有名な壬申の乱で、牟宜都国造（むげつのくにのみやつこ）の流れをくむ牟宜都君（むげつのきみ）が参加し、美濃の兵力が大きな役割を演じたこと（『壬申紀』）などによっても、東国との関係でこの地方も軍事上の要地であったことがわかる。大海人（おおあま）皇子の湯沐（ゆのうながし）がこの地にあったこともそのことと無関係ではない。

近江の位置

近江はどうか。近江地方が、軍事上の要地として倭王権に認識されてくるのは、蝦夷問題が中央の関心事となり、その言向（ことむ）けが政治路線にのぼってくる段階からである。『崇峻天皇紀』に、近江臣が東山道に派遣され、「蝦夷の国境を観せしめ」られたというのもそのことを反映している。言向けの通路としてこの地方はその後ますます重要な役割をもつようになる。百済が唐・新羅の連合軍に攻められた時、斉明朝は救援の軍を送ったが、これは結局失敗に終った。それまでにも近江には、外国使節の到来したこともあったが(『欽明天皇紀』)、対外関係の深刻化にともなって、外交・軍事上の要地としての性格はいっそう倍加してくる。天智天皇の時に、都がこの地方に置かれたのも偶然ではないし、また百済系亡民が数多くこの地方に投入されたのも、ひとつの蓋然性をもっていた。栗太郡には表のように建部神社があったが、その所在地である瀬田が、壬申の乱や源平争乱の際をはじめとする古代のたたかいで、常に浮かびあがってくる所以のものも、このようにしておのずと理解されてくるであろう。

建部は御名代部か

以上のように、建部の分布が、軍事上の要地に濃密なことは、この部の性格を知る上で大切である。本居宣長翁以来、建部は皇室の御名代部（みなしろべ）・御子代部（みこしろべ）とする見解が一般化しているが、わたくしは以上の点と次のような観点から、通説では不充分であると考える。

建部の設定事情

建部設定の事情についてひとつの参考になるのは『出雲国風土記』の建部臣設定説話である。それによると、出雲臣の同族関係にある神門臣（かんどのおみ）が、倭王権より建部の氏を賜わったということになっている。在地の有力豪族が、中央勢力の浸透拡大の中で、建部に新らしくくみいれられていったプロセスをこの説話は物語っている。日本武尊の東征や西征で舞台となる熊襲にも(B)の表のように建部があり、また出雲・美濃・常陸の各地方にも建部が存在する。このことは、日本武尊説話に結集する皇族将軍の征討によって、在地の有力軍事団が新らしく建部としてくみいれられていったことを間接に傍証するものがあり、また逆に建部集団と中央との結びつきが、日本武尊なる人物の伝説化を促進する上に、なんらかのはたらきをおよぼしたことを推察させるのである。なぜなら日本武尊の東征・西征説話の展開する主な舞台が、建部の濃厚な分布地帯でもあるからである。

ここで建部の性格をもっとはっきりさせるために、中央建部氏の内容をみつめておこう。

犬上建部君の登壇

その代表例の典型は、犬上建部君(いぬがみたけべのきみ)である。大化元年(六四五)六月の孝徳天皇の即位事情は頗る(すこぶる)興味深いものがある。この時には、大伴連長徳(おおとものむらじながとこ)が、金の靫(ゆき)を帯びて壇(たかみくら)の右にたち、犬上建部君は、金の靫を帯びて壇の左にたった。後の例でいうと、普通の場合、践祚大嘗祭(せんそだいじょうさい)の時には、大伴・佐伯(さへき)の両氏が宮門に侍り、門部(かどべ)を率いて供侍することになっている(『貞観儀式』・『延喜式』など)。にもかかわらず、ここでは建部君が大きな役割を演じている。それはなぜか。やはりそこには理由があった。

建部門の存在

宮城十二門号の中に、古くより建部門のあったことは、これまでの研究で明らかになっている。そして、それらの門号が、ただこれを造営した氏族名ではなく、むしろこれを守った氏族の名にもとづくことが、最近の研究で明確になってきている（井上薫『続日本紀研究』一の七）。大伴門・佐伯門とならんで建部門のあったことは、中央建部氏が、やはり中央の近侍氏族のひとつであり、守衛軍としての部門をになっていたことを意味する。大化前代の文献伝承の中にも、たとえば麛坂・忍熊両王の乱などの時に、犬上君の祖先が参加したことがみえているのも（『神功皇后摂政前紀』など）、この氏が軍事に深いつながりをもつことを示唆している。

建部人上の言上

なによりも注目すべきは、延暦三年（七八四）の建部朝臣人上らの言上であり、それによるとその祖先とする意保賀斯は、「武芸倫に超えて、後代に示すに足れり」として雄略朝に、健部君を賜与されたとする伝承を記録している。そしてまた天平神護二年（七六六）の条にみえる建部公伊賀麻呂も、近江国志賀軍団の大毅（軍事団統率職の一種）として軍事に関係をもつ伝統につながっていた（以上『続日本紀』）。

近江の犬上建部君というのは、系譜意識の上では、日本武尊が、布多遅比売

(両道入姫)をめとって生んだ稲依別(いなよりわけ)を始祖とする犬上君と建部君(武部君)との系譜伝承にちなんだものであろうが(『景行天皇記・紀』)、その系譜が更に近江の安国造(やすのくにのみやつこ)の祖につながっていること(『同天皇記』)、『和名抄』に近江国犬上郡のことがみえていることなどを綜合してみると、ここにいう建部君伊賀麻呂は、その系譜につながる同族の氏人であったといえるであろう(『新撰姓氏録』右京皇別)。

近侍の氏族

建部朝臣人上の系統は、伊賀に勢力をもつものであり、その分族か、別氏族かたしかではないが、いずれにしても、上記の諸事実は、中央に近侍する建部氏が、軍事にちなんで氏の名を名のり、軍事管掌の仕事の一端をになっていたことを物語るものである。かくてわれわれは、中央の建部が軍事に関係が深く、宮城十二門号名にみえる氏であることを知ることができる。

建部の同族集団

『出雲国大税賑給歴名帳』にみえる建部臣・建部首・建部などの同族集団の形態には、異姓戸との関係比率は必ずしも高いものでない状態がみられるが、それには『筑前国戸籍』の建部の場合(ここでは単婚家族の成立がみられる)よりも古いものがある(上田『国史学記念論文集』)。しかしそれとても、大化前代の地方における建部集団の実態を示すものとはなし難い。けれども『出雲国風土記』の建部賜与の説話から推して、本来的には中央建部氏の役割となんらかのつながりをもつものであったろう。後世建部君を称するものが、飽田(あくた)郡大領従五位下建部公真雄などのように郡司クラスないしその関係層であることも、地方建部の首長が在地豪族の系譜につながるものであることを示している。

二 語部の介在

語部の存在

わたくしは、日本武尊に結集される皇族将軍征討説話のなりたちとその伝承荷担層のひとつに建部集団が背景をなしていることを前の節で述べてきた。しかしそれだけで日本武尊説話の内容を形づくる要素が終わるものではない。『記・紀』

に定着する日本武尊説話の形成には、いまひとつの紐帯が必要であった。それは語部である。宮廷における『帝紀』や『旧辞』のなりたちは、その時の政治的条件を反映してはいるが、ひとり中央の豪貴族のいい伝えや王室のひつぎをめぐる説話だけでできあがったものではない。そこには、地方勢力の服属や貢納などの諸関係によって、その内容が豊かになり、みずみずしさをもった面をけっして見失なうわけにはいかないのである。建部の設定をひとつの通路とする皇族将軍征討説話のなりたちには、地方建部と中央伝承との媒介体が必要であった。

旧辞の世界と地方の伝承

『記・紀』の『旧辞』の世界には、時として地方的な伝承がままくみいれられているが、それはスメラミコトへの服属の誓いをもっとも大きな内容とする。そしてそれは時々の地方より奉る寿詞やそれと深いつながりをもつ寿歌の奏上によってくみいれられていった場合が多い。そのことは、日本武尊説話の構成要素にも見出されるのである。

語部といわれるものには、おおまかにいって二つの種類がある。ひとつは宮廷の語部とよぶべきものであり、他のひとつは諸国の語部といわれるものである。前者の例としては、宮廷との関係を密接にもつ語造の系統をつぐものがあり、中には天皇の召しに応じて「語れ語れとのらせこそ志斐いは奏せ強語とのる」(『万葉集』巻三)などのように志斐嫗的な語りを行なったものや猨女氏などのように、宮廷の鎮魂祭に参加して、宮廷儀礼に重要な役割を果した語部に似通った職能をもつもの(『延喜式』・『類聚三代格』)があった。

語造と志斐連

語造は、天武天皇の十二年(六八四)九月、新しく連の姓を与えられているが、いわゆる志斐連というものには、少なくとも次の二つの系列があったようである。ひとつは、中臣志斐連の系統であり、『新撰姓氏録』では、天児屋根命十一世の孫とする雷大臣の後裔がそれにあたる(左京神別)。中臣烏賊津使主が古く神事に関係したことは、審神者として中央の祭祀にあずかったことなどからも窺われるが(『仲哀天皇紀』・『神功皇后紀』)、宮廷祭祀とのかかわりから宮廷伝承にも結びついていったものであろう。『姓氏録』には、やはり天児屋根命の後裔とする中臣系の志斐連が和泉国神別の条にもみえている。なお、中臣志斐連の中には漢人と改氏姓する者のでてくることを付記しておこう(神亀二年―『続日本紀』)。

いまひとつは阿倍氏系の阿倍志斐連の系統である。『姓氏録』では、大彦命八世の孫とする稚子臣の後裔がそれにあたる(左京皇別)。その一族には阿倍志斐連東人などの名が記録にみえている(宝亀四年―『寧楽遺文』・『続日本紀』)。『姓氏録』によると、天武天皇の時に阿倍名代という人が、楊の花を献じて、なんの花かと問われ、群臣が楊の花であるというのに、辛夷の花であると強いて奏上したので、この名を賜わったと伝えているが、志斐連の一種であることにかかわりはない。

この他に『姓氏録』に、天日鷲命の後裔とする天語連があるが(右京神別)、これは本来伊勢海部の首長であったらしく、御贄の貢献にともなう寿詞や寿歌の奏上を通

諸国の語部

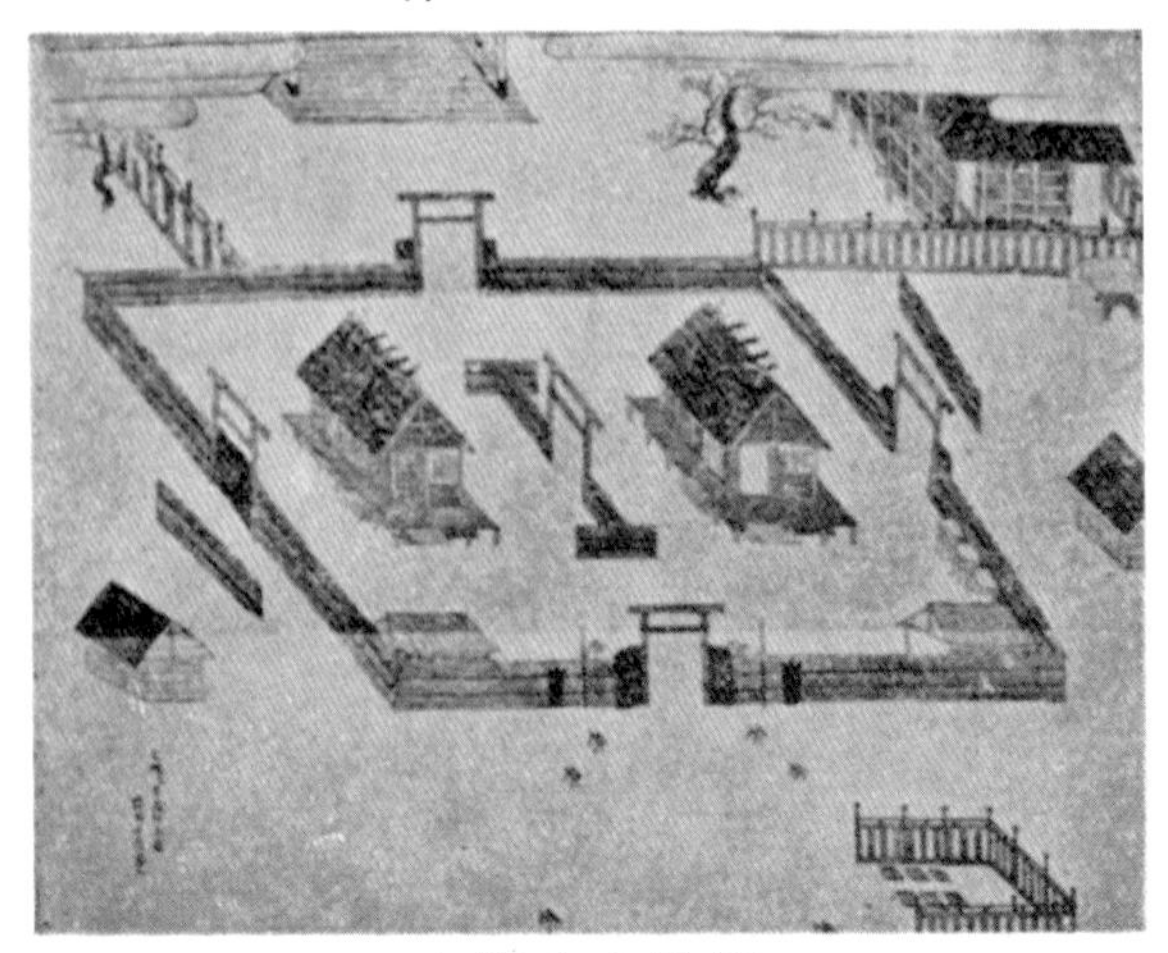

大嘗会の絵図
（柴垣内東方悠紀殿，同西方主基殿）

じて中央とのつながりをもつようになり、宮廷語部化のコースを辿(たど)ったものと考えられる。後には帰化人系の朝妻手人(あさづまのてひと)が、筑摩御厨(ちくまのみくりや)の御贄(みにえ)の貢献に付せられたと思われる寿詞を媒介として養老三年海語連姓を与えられている（土橋寛『文学』二一四の六、林屋辰三郎『立命館文学』一七〇・一七一）。

　これらの語部は、宮廷語部と諸国語部の結合の中で新らしく誕生したものといえよう。ところで諸国の語部とは、いったいどのようなものであったのであろうか。大嘗会の儀式に、美濃・丹波・丹後・但馬・因幡・出雲・淡路の語部が参集して、古詞を奏した例（『貞観儀式』『延喜式』）がみえているが、その数は美濃が八人、但馬が七人、出雲が四人、因幡が三人、丹波・丹後・淡路が各二人（但し『貞観儀式』は丹波を一人とする）となっている。計二十八人の人々である。

大嘗会卯日（うのひ）の祭には、青摺（あおずり）の衣をきた語部十五人を伴（大伴）・佐伯の宿禰（すくね）各一人が率いて、伴は左掖（ひだりのわき）より入り、佐伯は右掖（みぎのわき）より入る。そして所定の位置についた（『貞観儀式』・『延喜式』・『北山抄』・『江家次第』など）。この十五人と前の二十八人では、数の上でひらきがあり、この十五人が諸国語部二十八人の代表であるのか、あるいは宮廷語部を主とするものか、更にその両者にわたるものか、これだけでは判定できない。

けれども、『北山抄』の注記には、この語部の内容として「出雲・美濃・但馬語部各々が之を奏す」とあるから、大嘗会に参加する語部はやはり地方語部の代表とみるのが妥当である。

大嘗の供奉

　これは平安時代のかなり固定化した諸国の語部の姿であるが、地方の倭王権への服属を契機に、貢納物の献上と共に、地方語部の古詞奏上はかなり古くから行なわれたと思われる。『清寧天皇紀』や『顕宗天皇紀』にも、播磨（兵庫県南部）の赤石（あかし）郡より大嘗会の供奉を行なったことがみえており、天武天皇二年にも丹波・播磨が供奉したことがあったが（『日本書紀』『扶桑略記』）こうした大嘗会の貢献などの際にも、地方語部の伝承は中央へくみいれられていったのであろう。

　そうすると、平安時代の大嘗会にあっても、親衛軍の首長の家を誇る大伴・佐伯両氏が諸国語部を率いて参内したとするのも、あながち偶然ではないことがわかる。たたかいによる服属と地方語部の伝承、宮廷儀礼と地方伝承の結合は、大嘗会を場とし、大伴・佐伯が統率者となる姿によって、ますますはっきりしているといわねばならぬ。

語部の分布

　記録をみても、語部の分布は、必ずしも後の二十八人の国（美濃・丹波・但馬・

因幡・出雲・淡路）に限るものではない。およそ語部は次のように分布している。

国名	語部君	語(部)直	語(部)臣	語部首	語(部)	備考
遠江					9	寧楽遺文(上)
尾張					1	大日本古文書(一)
美濃					2	寧楽遺文(上)
因幡					4	平安遺文(一)
出雲	2		1	2	30	語部君族1。出雲国風土記・寧楽遺文(上)
備中		1				寧楽遺文(上)
不詳					3	寧楽遺文(上)大日本古文書(五・七・二四)

これらは、戸籍・正税帳・負死亡人帳などにみえる戸主・戸口をそれぞれ一として計上したものであるが、この表によってみても、大嘗会の諸国語部以外に、

階層序列

少なくとも遠江・尾張・備中にも語部のあったことが判明する。いずれも断片的にその姿をとどめるものが多いので、これ以外にも語部は地方に数多く存在したであろう。そこには語部君・語部臣・語部首・語部というひとつの階層序列がみられ、後には語部有嶋のように尾張国(愛知県)春日郡の郡主帳(郡司の一種)になるものもあったが(天平二年—『尾張国正税帳』)、本来的には地方政治集団の首長の下に隷属して、地方の国のなりたち(風土記の原初的な国名起源説話などもこれに関係があるだろう)、更に氏上(うじのかみ)や氏人の活躍など—首長家を中心とする伝承荷担層としての役目をになったのであろう。その例として美濃国味蜂間(あはちま)郡春部里の国造族集団の中に語部善売がいるのなどがあげられる(『寧楽遺文』(上))。

悠紀田と主基田

そして倭王権の服属下に入るにおよんで、地方政治集団と宮廷との歴史的関係を内容とする語りごとをも伝承するようになる。大嘗会に参内する諸国語部が東国を含まず、更に大嘗会の悠紀田(ゆきでん)・主基田(すきでん)の卜定地域が、次のように東は遠江・

越前より西は因幡・備中までの範囲であることとあわせ考えて、こうした諸国語部の宮廷旧辞に介入してゆく時点が、けっして新らしいものでないことを見定めることができるのである（左の表参照）。

天皇名	年号	悠紀・主基両田国名		備考
天武	二	播磨	丹波	日本書紀
持統	五	播磨	因幡	同右
文武	二	尾張	美濃	続日本紀
元明	和銅元	遠江	但馬	同右
元正	霊亀二	遠江	但馬	同右
聖武	神亀元	備前	播磨	同右
孝謙	天平勝宝元	因幡	美濃	同右

淳和天皇期のものは『日本後紀』・『類聚国史』にも両国名を具体的に記さないので、表より除外しているがこれとても上記の国名以外の地ではなかろう。ちなみ

淳仁	天平宝字二	丹波	播磨	同右
称徳	天平神護元	美濃	越前	同右
光仁	宝亀二	参河	因幡	同右
桓武	天応元	越前	備前	同右
平城	大同二	伊勢	備前	類聚国史
嵯峨	大同四	参河	美作	類聚国史
仁明	天長十	近江	備中	続日本後紀
文徳	仁壽元	伊勢	播磨	文徳実録
清和	貞観元	美作	参河	三代実録
陽成	元慶元	美濃	備中	同右
光孝	元慶八	伊勢	備前	同右

に六国史にみえるこの期間の卜定国名における頻度数をあげると、次表の如くである。

　これ以外にも、たとえば、天武天皇五年九月の例のように新嘗祭に卜定される場合（尾張国山田郡、丹波国訶沙郡）もあった

頻度表

播磨(五)	美濃(四)	備前(四)	因幡(三)	参河(三)	伊勢(三)	丹波(二)
遠江(二)	但馬(二)	越前(二)	美作(二)	備中(二)	尾張(一)	近江(一)

から、これを加えるとその回数はかなり多くなる。（丹波国訶沙郡の場合などは、この地域内にいわゆる元伊勢宮があり、この地方の神の信仰が宮廷と結合していったのも、あるいはこの頃であったかも知れぬ。）

悠紀歌と主基

悠紀・主基に卜定された国の郡は、ためつもの（翫好雑物）を献じ、卜定にあった郡の国司が歌人を率いて、国風（こくふう）を奏するのが例であったが、悠紀国の奏するのは「其の声神歌に似て遅し」（『北山抄』）とあるように一種の歌舞をともなっていた。また主基国も歌を奏したことは「主基丹波国、早歌を奏す」（『北山抄』）とあることより明らかである。

後の例では『古今集』の中には、仁明天皇の大嘗会に歌われた主基国備中の

まがねふくきびの中山おびにせるほそたに川のおとのさやけさ

という歌があり、更に清和天皇の時の悠紀国美作の

美作やくめのさら山さらさらにわがなはたてじよろづよまでに

という歌が記されている。また陽成天皇の大嘗会における悠紀国美濃の

みののくにせきのふぢがはたえずして君につかへんよろづよまでに

という歌や、光孝天皇の時の悠紀国伊勢の

君がよはかぎりもあらじなながはまのまさごのかずはよみつくすとも

という歌などがみえている。それらはいずれも天皇に対する寿歌(ほぎうた)であり、国ぼめの歌であった。桓武天皇の時に悠紀・主基両国が種々の翫好の物を献じ、庭上において「土風歌舞」を奏したというのも(『類聚国史』)、更にまた平城天皇の時に悠紀と主基の二国が風俗歌舞を奏したというのも(『日本後紀』)、天皇に対する服属の誓約を原型として展開したものであったといえるだろう。

このようにみてくると、吉野の国栖（くず）や楢（なら）の笛工が古風を奏したのとならんで、大嘗会における悠紀・主基両国郡百姓らの土風歌舞の奏上は――歌人（うたびと）を介してではあっても――諸国語部の古詞奏上と共に、宮廷における旧辞形式の上に大きく作用したことを見失なうことはできない。

国ぼめ歌

もとより日本武尊の説話形式がひとり語部の介入によって可能になったというのではない。かの有名な「倭は国のまほろば」という国しぬびの歌も、本来は国ぼめ歌であり、こうした大嘗会における歌舞奏上と深いつながりをもつものである。

作為と伝承

しかし日本武尊説話における叙事的な部分には、やはり語部の古詞として建部設定を媒介としながら、完成されていった側面のあることを見落せないだろう。『古事記』と『日本書紀』とでは次章に説くように、その説話内容にかなりのくい違いがあり、それは後の『記・紀』述作者の作為によるところが多いが、その素材としての〃たける〃物語が、語部と建部とのまじわりの中から生れていることをここでは注意したいのである。作為は作為として、その前提にある伝承体をここではもう少しみつめておくことが必要であろう。

というのは、次のような事情が史料の中に窺われるからである。建部のもっとも濃密な分布をみる出雲国出雲郡健部郷には、戸主語(部)君小村の戸口に建部臣御毛売があり、戸主建部臣日女の戸口に語部奈久矢売があるというように、建部郷内に両集団が数多く存在するばかりでなく、両者の関係は密接なものがあった。また美濃国味蜂間郡春部里にも建部が存在したが、ここにも語部がおり(『寧楽遺文』(上))、建部設定の中で大きくうかんでくる〃たける〃の尊の説話が、これら語部を介在することによって、地方と中央の旧辞世界が結合してゆくひとつのコースを推定しうるのである。

日本武尊の説話が、すべての点で地方の語部の参加をまってできあがったというのではもちろんない。しかし、美濃や出雲などに結合する〝たける〟説話の媒介体に、こうした語部が参与した分野を、いままで指摘している人が少ないと思われるから、若干の注意を喚起しておきたいのである。

『北山抄』や『江家次第』には語部の古詞を注して「其の言、祝に似たり、又歌声に渉る」と記しているが、『中右記』（寛治元年十一月）が更に「其の音、祝に似たり」というように、それが祝―神職の神言（「住吉にいつく祝の神言と」（『万葉集』十九）というのが思いだされる）と似通ったものであるとするなら、日本武尊説話に部分的に現われる呪術宗教的な側面も、このことに深い結びつきをもつものであることが、次第にすっきりと納得されてくるのである。

第三　熊襲の平定

一　寿詞と服属

東奔西走の生涯

日本武尊という人物は、西は熊襲のことむけに赴き、東は蝦夷をことむけるというたたかいの皇族将軍として描かれている。まさしく東奔西走する生涯である。『日本書紀』によると、小碓尊が熊襲征討にいでたつのは、年まだ若き十六歳の時のこととしている。『古事記』がその時「御髪をみひたいに結わせり」としているのも、『崇峻天皇紀』の注に「いにしえ」年若く十五―六の間は額(ひたい)に髪を結うと述べているように、青年であったことを表現しようとしたものである。

征討の理由

数ある皇子の中で、〃ひつぎのみこ〃でもある皇族将軍として、小碓命が、熊襲のことむけにいで向わねばならなかったのはなぜか。

乱暴な心

『古事記』によると景行天皇が小碓命に「どうしてお前の兄である大碓命は、朝夕の大御食(おおみけ)(食事)にでてこないのか。お前が引き受けて教え申せ」とみことのりした。しかし五日たっても、やはり大碓命は参上しなかった。そこで天皇が小碓命に「どうしてお前の兄は、長い間でてこないのだ。まだ教えさとしていないのか」と問うたところが、小碓命がいうのに「もう教えました」と申した。不思議に思った天皇は更に「どのように教えたのか」と尋ねると「兄が朝早く厠(かわや)に入った時に待っていて、つかみひしいで、手足を折り薦(こも)につつんで投げてすててしまいました」と答えた。この有様を聞いて、天皇は〝ひつぎのみこ〟の乱暴な心を恐れて「西の方に熊曽建(くまそたける)という二人の兄弟がある。これが服従しない無礼な奴であるから、その無礼な奴どもを殺せ」と熊襲のことむけを小碓命に命じたというのである。

妻どい説話

これに対して『日本書紀』の方には、このくだりはみえていない。『古事記』には、大碓命が朝夕の御食に参上しないことの伏線として、景行天皇が美濃の国造の祖先である大根の王の娘で、たいへん美しいという評判のある兄比売と弟比売を召そうとした話がのっており、そのために遣わされた大碓命が、その二人の美しい女性をめとり、別の女をその娘だと偽って献上したので、それが別の女であることを知った景行天皇は、いつも見守らせるだけで、結婚せずに女を苦しめたというのである。

これに似通う話は、次のように『日本書紀』にもみえている。しかし、小碓命が乱暴なので、熊襲ことむけに派遣するという話は依然として『書紀』にはない。それればかりか、『書紀』には景行天皇自らが小碓尊にさきだって熊襲ことむけに親征するのである。

書紀との違い

似通っている『書紀』の話というのはこうだ。景行天皇が、美濃の国造で名は神骨という人の娘、兄遠子と弟遠子という美しい女がいることを聞いて、大碓命を遣わした。ところが、大碓命は、この娘たちと密通して、復命しなかったので、景行天皇は大碓命をたいへんに恨んだという。これは『古事記』の大根の王の女の話と大同小異である。けれどもよくみるとやはり『古事記』と『書紀』とでは異なったものがある。すなわち『書紀』には美濃の弟媛について次のようにまったく説話内容を異にするこんな説話が記録されているからである。

美濃弟媛の話

それは景行天皇の四年に、天皇が美濃に行幸した時の話である。左右にいた近侍の人が、「この国にはたいそう美しい人がいて、弟媛といいます。八坂入彦の娘であります。」といった。そこで天皇は妃にしようと思って、弟媛の家に赴いた。弟媛は天皇が行幸したと聞いて、竹林の中に隠れた。天皇は弟媛を召さんと計って、池に鯉をはなって、朝に夕にこれを見守った。弟媛はそれが計略であることを知らずに、鯉の遊ぶのをみようと思ってこっそり池に遊びにくる。その折をとらえて天皇は妃にしようとする意向を媛に伝えたけれども、弟媛は天皇と夫婦のちぎりを結ぶことをこばみ、自分は顔かたちもきたないからといって、その姉である八坂入媛をすすめるのである。天皇は結局弟媛を迎えることができず、八坂入媛を妃とする。この説話には「夫婦の道は古今の達則」などという儒教風な表現もあり、作為性の強いものだが、この方は逆に『古事記』にはみえていない。

求婚説話の変化

『古事記』では、この八坂入媛は尾張連との系譜関係においてのみ物語られている。これは天皇求婚説話を原型とするものが加上変化していったものであろうが、いずれにしても、『書紀』がそのことにおいて小碓命と大碓命との関係やことむけの理由を示していないことはたしかである。

大碓命の系譜

大碓命は、前にもいったように『記・紀』両書において小碓命と同母である。しかしその後裔は、美濃と関係が深い。大碓命が兄比売との間に生んだ押黒之兄日子王は、「三野之宇泥須和気の祖」（『古事記』）であり、弟比売との間に生んだ押黒弟日子王は「牟宜都君等の祖」（『同上』）であって、これも美濃国造とつながりがある。

またその分注にみえる系譜の守君・太田君・島田君も、守君は牟義公（むげのきみ）の同族であり（『新撰姓氏録』）、太田・島田両氏は美濃・尾張と関係のある氏族である（『和名抄』・『古事記伝』）。

このようにみてくると、五百木入日子や若帯日子が美濃・尾張関係の系譜をもつこと、小碓命が播磨とつながりをもつこと、そして大碓命がその両者の中間に位置して、母は播磨に子は美濃にという興味深い対照を示す。この皇子が〝ひつぎのみこ〟の中に入っていないのは、説話よりすれば、弟媛との密通によって除外されたことによるといえないこともないが、その系譜意識につながる豪族の動向が、政治的にあるいは反映しているのかも知れない。

『書紀』が小碓命の西征よりもさきに景行天皇の親征があったとすることは、『古事記』にそのことがみえない点からいっても、これをけっして軽視するわけにはいかない。まずこの『書紀』の方が正しいのか、『古事記』の方が原型に近いのか、その点をはっきりみつめておくことが大切だ。そうでなければ小碓命のこ

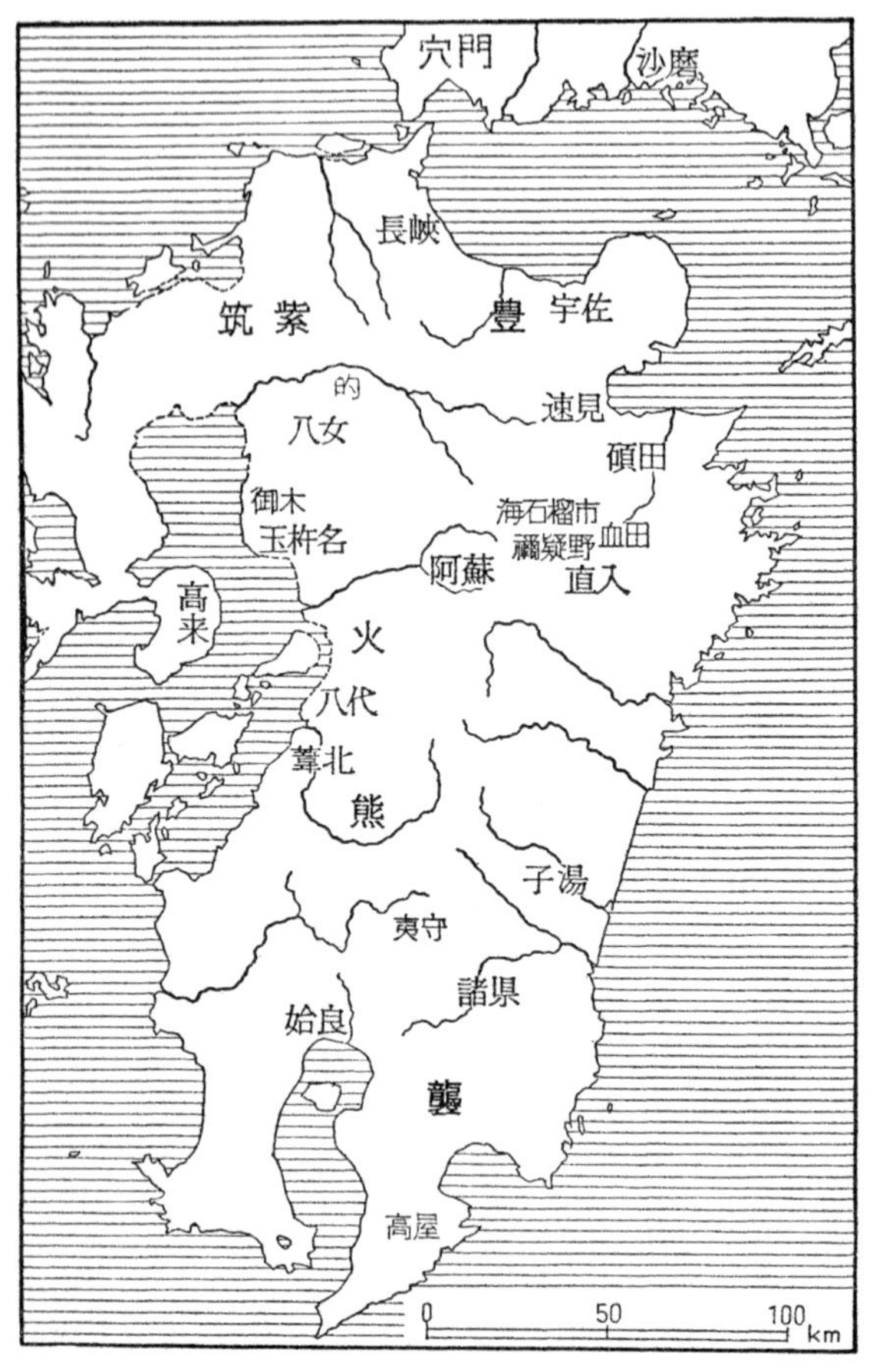
穴門
沙麼
長峡
筑紫
豊
宇佐
的
八女
速見
碩田
御木
玉杵名
海石榴市
禰疑野
血田
阿蘇
直入
高来
火
八代
葦北
熊
子湯
夷守
諸県
始良
襲
高屋
0
50
100
km

景行天皇西征参考図

とむけの内容検討も、実質的にはからまわりすることになりかねない。

景行天皇の親征

『書紀』によると景行天皇の親征は、熊襲がそむいて貢を奉らなかったとすることよりはじまる。征討の軍は、天皇の十二年八月、筑紫をめざして進められる。天皇はまず周芳の沙麼(佐波郡佐波、県のあったところ)に行幸し、ついで豊前(福岡県)の長峡(北九州市小倉南区内)へ入る。そして速見(速見郡内)→直入(直入郡内)→海石榴市・血田(『風土記』によれば大野郡内)→日向の高屋(肝属郡内とする説もあるが不明)にいたって襲の国を討伐することになっている。

襲の国とは何処か

ここにいう襲の国が大隅(鹿児島県)の姶良郡を中心とする地域をさすことは、その地の首長として鹿文(鹿屋)の名がみえていることより察知されるが、『書紀』では厚鹿文・迮鹿文両人を熊襲八十梟帥としており、その熊襲の長は『古事記』で小碓命が討つのとは異なって、『書紀』では景行天皇親征軍が討つことになる。

熊の国へ

そして更に親征軍は、日向(宮崎県)の子湯(児湯郡内)に赴き、諸県(諸県郡内)より熊の国(熊本県)熊(球磨郡地方)→葦北(同上葦北郡内)→八代(八代郡内)→高来(長崎県高来郡内)→玉杵名(熊本県玉名郡内)→阿蘇の国(同上阿蘇郡地方)

↓筑後の御木（福岡県三池地方）↓八女（やめ）（同上八女郡）をへて、日向から還幸することになっている。

ところが景行天皇の二十七年八月、熊襲が再びそむいたので、そこで日本武尊を派遣することにしたと『書紀』の方ではなっている。

それではなぜ『書紀』には景行天皇の親征を小碓尊のことむけに先だって述べているのか。そのことから検討してみよう。

風土記との関係

景行天皇が九州各国を巡幸することが『風土記』にみえている。肥前・豊後・日向各国の『風土記』や逸文がそれである。まず『豊後国風土記』について考えよう。それには、国内の地名説話に関連して、景行天皇巡幸のことが記述されている。

『豊後国風土記』は、巻首ならびに郡首は完備しているが、各郡の内容には欠けたところがあって、現在の伝本の校合からも、もともと不完全なものであったのか、あるいはもとはあったが脱略したものなのかにわかにはきめられない。しかしその一部が、『日本書紀』とまったく符合することはたしかである（上田「歴史評論」一〇三）。

書紀との符合

符合する点からみてゆくと、直入郡禰疑野の条の全文は、『景行天皇紀』十二年十月の条と一致し、直入郡蹶石野（荻町柏原付近か）の条の全文は『同天皇紀』同上の一節と一致する。そして大野郡海石榴市・血田の条（前文を除く）は、やはり『同天皇紀』同上の条の文と合致する。更に大分郡の条の一節および速見郡の地名説話も『同上』の『書紀』の記事と付合している。

土蜘蛛の数

ただ『書紀』の方では、速見の女酋の進言による鼠石窟や禰疑野の打猨ら土蜘蛛征討の話が一括して記載されているのに、『風土記』の方では、直入・大野・速見の各郡に分割されているために、土蜘蛛五人（『書紀』）の数が、直入郡の条では三人、大野郡の条では二人、速見郡の条では五人と重複したり、あるいは分けられている点が異なっている。

用語・文体がほぼ一致しており、しかも修辞や省略において『風土記』の方が

風土記の素材

より新らしいのは（遊覧・青白など）、『書紀』が『風土記』の伝承をもとにしたというよりは、むしろ『書紀』をこの『風土記』の編者である官人たちが素材として用いた面の多いことを有力に論証する。

このことは『肥前国風土記』の場合についてもいいうることである。

肥前国風土記の場合

『肥前国風土記』も、巻首と郡首しか揃っておらず、各郡説話も完全なものでないが、肥前国に関する説話の前文（とくにその後半）は、『景行天皇紀』十八年五月の条の前文と一致する。『風土記』の方が郡字を用いていること（逸文「乙類」では県字使用）、「火の国」名の起源説明に若干『風土記』の方が詳しいこと（『風土記』では「玆に人の火に非ずということを知りぬ、故に其国を号（な）づけて火の国という」となっているのが、『書紀』では「火の国と号（な）づくる所以、そのしかるを知りぬ」となっている程度の違い）、村と邑との用字の違いなどがみられるが、全体としては符合するところが多い。この点はその逸文の場合でも用字に二―三の相違があるのみで大差はない。

日向国風土記の場合

『釈日本紀』所引の『日向国風土記』の逸文には、景行天皇の児湯郡行幸のことがみえており、日向国号の起源説話があるが、これとても『景行天皇紀』の十七年三月の条と一致しており、『書紀』にみえる「はしきよしわぎへの方ゆ雲ゐたちくも」の国邦歌（くにしのびうた）（マヽ）や「時に東のかたをみそなはして」という表現が、『風土記』にみえないだけである。

巡幸の事実性

してみると一部の人がいうように『風土記』やその逸文に景行天皇の巡幸説話があるというので、景行天皇巡幸の真実性をたしかめる素材とするのは尚早の見解であるといわねばならない。なぜなら、これら『風土記』の文は『書紀』の素材となったというよりは、九州の官人が、むしろ『書紀』によって編述したところが多いからである。もとより、『風土記』は『書紀』にはみえない独自の伝承もある（たとえば豊国々号の起源説話や球覃（くだみ）の郷における水神および網磯野（あみしの）の土蜘蛛の説話など）。けれども、それらはむしろ『風土記』本来の伝承における伝承の独自性として尊重すべきものであって、それが景行天皇に附会しているからといって、飛躍して論を進め、『風土記』によって景行天皇の親征の事実性を証明する材料とするわけにはいかない。

親征説話の矛盾

すでに津田博士が論じておられるように景行天皇親征説話には、いくつかの矛盾がある。第一に地理上の錯誤がある。景行天皇は碩田（大分）より速見に行幸するが、地理の上での順序からすれば、その逆の方が自然である。そのほか地理上の行幸経路には地名起源をつくるために加上されたあやまりが多い（海石榴市の所在など）。第二に、人の名に地名をそのまま用いており、実在の人物というよりは、中央で知られてきた（寿詞・貢物の貢献などによって）、地名に結合して案出されたと思われる節がある。第三に、たくさんの兵を動かすのは、百姓の害であると書くような儒教思想による潤色もみうけられる。更に景行天皇親征説話の編年にも矛盾がある。『書紀』の景行天皇十三年五月の条には、襲の国をすっかり平げて、高屋宮に居ますことすでに六年なり」と書かれているが、これは明らかに誤算であって、筑紫に天皇が行幸したのは、その十二年九月のことであったとするから、『書紀』の編年では一年にもみたないことになる。飯田武郷はこれを合理化するために、天皇の筑紫行幸は、天皇八年のこととするが（『日本書紀通釈』）、これはあまりにも強引な解釈であって、六年は六月の誤りとみる方がよいだろう。このようなところにも、これらの説話が作為性の強いものであり、『書紀』をつくった人たちによる後世的反映であることを証明する。第四に、留意すべきものとして国しぬび歌の問題がある。すなわち景行天皇がその十七年、子湯の地でよんだという

国しぬび歌の性格

倭は国のまほらま　（最初のページに歌意を記してあるので参考されたい）
たたなづく　青垣
山籠れる　倭しうるわし　（紀二二）

というのや

命（いのち）の　またけん人は　　　若々しい健康な人々よ、
たたみこも　平群（へぐり）の山の　　　平群の山の
しらかしが枝を　うづにさせ　　　白い樫の枝を髪にさしなさい、
この子　（紀二三）　　　ふるさとの若者たちよ。

という歌は、『古事記』では、倭建命が三重県鈴鹿郡の西北部の原野でよんだ歌（記・三〇）と同じである。そしてそれは本来的には独立していた国ぼめ歌であり、また歌垣で歌われた民謡風のものである。これらは、国見の儀礼や歌垣の中で成立し、発展したものが、宮廷の寿歌として「思国歌（くにしぬびうた）」となったものに他ならない。それが景行天皇の巡幸に結合していることも、景行天皇親征説話が、後の倭王権の九州進出と寿歌・寿詞の貢上を媒介として作為されたものであることを意味するものである。『書紀』にみえる景行親征説話には次のように寿詞的な内容が存在するのも、そのことを有力に物語る。

たとえば、神夏磯媛(かむなつしひめ)は、磯津山(しつやま)の賢木(さかき)をこじとって、上の方の枝には八握劔(やつかのつるぎ)をかけ、中の方の枝には八咫鏡(やたのかがみ)をかけ、下の方の枝には八尺瓊(やさかのたま)をかけて神宝を献じ、「やつこのともがら必ずそむきまつることあらじ、今まさにしたがいなん」という服属の誓詞を奉っている。寿詞には、神宝・貢物をともない、それが天皇に対する服属の誓いを基本形態とすることは、『中臣寿詞(なかとみのよごと)』や『出雲国造神賀詞(かむよごと)』にはっきり示されているが（上田『立命館文学』八八）、そのことは神夏磯媛(かむなつしひめ)の場合にもあてはまる。

してみると、『書紀』の記す景行天皇親征の物語は、王権の確認を主とする宮廷儀礼を場とし、宮廷的な旧辞世界において成立したものといえる。その点で『古事記』が、景行天皇の親征を記していないことは注目すべきであるし、またより『古事記』の方が古い伝承を素材とすることを推定するてがかりともなる。

そこでこんどは『記・紀』の小碓命における熊襲ことむけの内容を考えよう。

二　言向(ことむ)けの内容

記紀の違い

すでに述べたように、『古事記』では、景行天皇が、小碓命のあらあらしい心を怖れて、熊襲ことむけに向わせるのであるが、『書紀』はそのことをなんと記しているのか。『書紀』には、熊襲がそむいて再び辺境を侵したので小碓尊を派遣すると、きわめて簡単に記している。しかもことむけの内容が両書ではかなり違う。

倭比売の衣裳と従軍者

第一に『古事記』によると、小碓命は出発にあたって、叔母の倭比売命(やまとひめのみこと)から衣裳をもらい、剣を懐(ふところ)に入れていでたつ。しかしこの話は『書紀』の方にはない。そのかわり『書紀』の方には、その従軍者の名をあげており、美濃の善く射る者弟彦公(おとひこきみ)が召しに応じ、更に弟彦公は石占横立(いしうらよこたて)、尾張の田子(たこ)・乳近(ちじか)の二人の稲置(いなぎ)を率いて参加しているのがみえる。つまり『古事記』は、熊襲のことむけを小碓命の一人称によって集約するのに対して、『日本書紀』はその率いる軍隊の内容にふれているわけだ。

贅物の背景

このことについて津田博士は、『書紀』の従軍者の話は、後に附け加えられた「贅物（ぜいぶつ）」であるとされている（『日本古典の研究』上）。しかし「贅物」とするなら、なぜこの話がとくに加わったのか。それはどうしてかを問わなければならない。

弟彦公の問題

そこで従軍者の居住地の分布が問題となるが、『書紀』では、弟彦公は美濃出身であり、田子・乳近の二人の稲置が尾張出身であると記す。いいかえれば『日本書紀』は、征討軍の主力を美濃・尾張の軍においていることになる。

弟彦公については、『古事記伝』はこれを大碓命が美濃の弟比売との間に生んだ押黒弟日子（おしくろおとひこ）なるべしとしている。『書紀』のいうようにこの時の日本武尊が十六であったとすると、その甥押黒弟日子はもっと幼少の者となり、はたしてその記す通りであったかは断定できない。『天孫本紀』には、火明命九世孫弟彦命とか十四世孫尾治連弟彦などとあるように弟彦というのは、兄弟に対する名称として一般

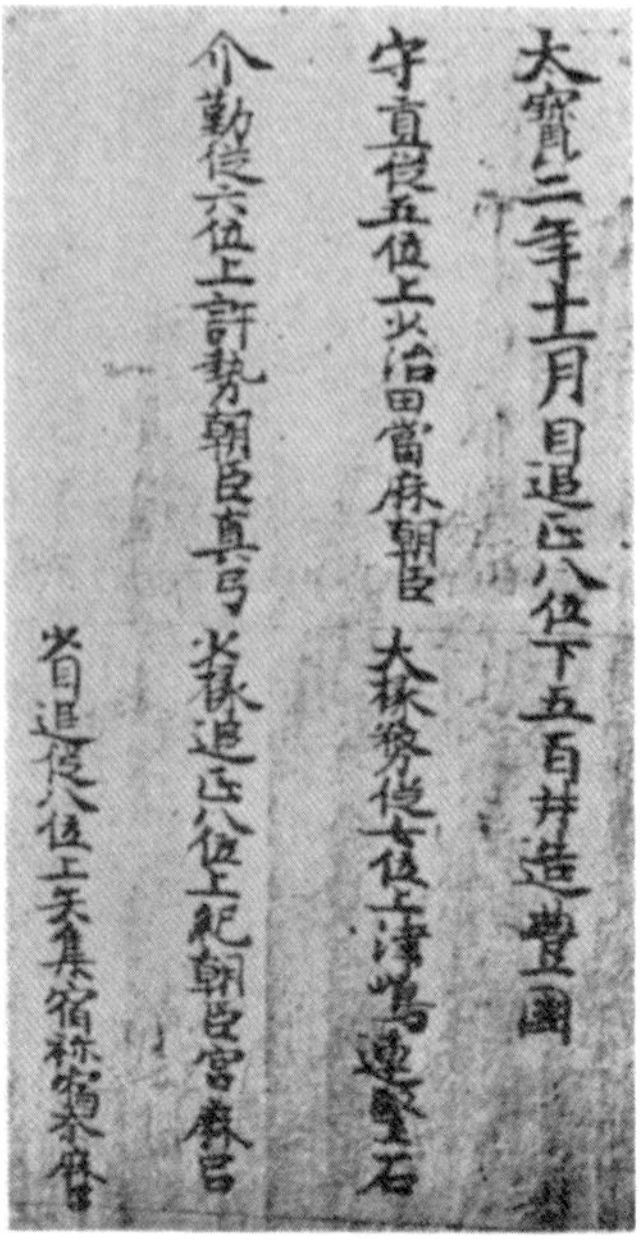

大宝二年御野国春部里の戸籍の一部
（矢集宿禰の名がみえる）

的なものであり、むしろ『書紀』の通りに、普通に美濃の国人と解するのが妥当であろう。というのは、美濃には矢集連という氏族があり（『天武天皇紀』）、また美濃の国の春部里の戸籍にも矢集宿禰の名がみえていて、弓矢と関係ある軍事的集団があったと思われるからである。「善く射る者」が美濃にあっても不当ではない。

ところで弟彦公の率いてきた石占横立や稲置の性格はいかなるものであろう。石占というのが一種の卜占法であったことは『万葉集』（三巻）にも「石占以ちて吾が屋戸に、御諸を立て」と石占のことが歌われているのをみてもわかるが、石占の地名や氏もないわけではない。伊勢国（三重県）桑名郡石占（『続日本紀』天平十二年十月の条）・石占忌寸（『新撰姓氏録』蕃別）などがそれである。

諸々の神部

古代前期の戦争に卜占をやるものや祭祀を掌るものが従った例は、『神功皇后紀』の審神者（さにわ）の記事や『推古天皇紀』の「諸神部（もろもろのかむとものお）」の従軍記事などによってたしかめられるので、あえて不思議とするにはあたらない。むしろ問題は稲置にある。

稲置の性格

稲置の性格についてはこれを県主の姓とするもの、伊良君・稲君とするもの、稲霊招ぎとするもの、更に村邑の官とするなどがあるけれども、それが幾内および周辺に分布しており、初期ヤマト朝廷の地方官であって、皇領地の徴税官的性格をもつものであることを別に論じたことがある（上田『日本古代国家成立史の研究』）。したがって、軍の編成にあたって穀稲の輸送が、兵糧米として重要な意味をもつ以上、稲置の従軍もあながち恣意（しい）な造作によるものとはし難い（この場合の田子は愛智郡内、乳近は按智郡内に比定する説—『書紀集解』がある）。

皇室と戦闘集団

このように考えてくると、『書紀』の従軍者の記事は、古代前期の戦闘集団の一部を伝承するものとして、たんなる作為説とは違った意味で評価しておかねばならない。美濃・尾張地方が、初期の県制の東限にあたり、また前期古墳の存在もたしかめられる地方であり、更に『美濃国戸籍』にみられるように若帯部などの御名代・御子代部の類が数多く存在するなど、古代前期における皇族や朝廷との関係はかなり濃厚な地方である。

大化改新の新政府がそのはじめに（六四五年、七月）、美濃・尾張に「供神の幣」を課したり、大海人皇子が湯沐邑のあった美濃、更に尾張の兵力を動員することによって、戦いを有利に展開したのも、けっして理由なきことではなかった。おそらく『日本書紀』の従者に関する記事などは、こうした美濃・尾張地方と皇族との密接なつながりを前提として誕生したものであり、日本武尊説話の根底にある建部設定との関連性などにおいて登場し、挿入されたものであろう。

斎王のこと

次に問題となるのは、小碓命と倭比売の関係を物語る『古事記』の説話である。倭比売は『記・紀』によると垂仁天皇の時に、伊勢大神の斎王になった人とされている。したがって『古事記』は、伊勢斎王との関係を伝えていることになる。

斎王という記事は、養老五年（七二一）九月の斎内親王（『続日本紀』、『政事要略』所引の『官曹事類』斎主とする）がもっとも確実な史料であるが、かなり古くより置かれていたことは『書紀』（継体・欽明・敏達・用明・天武各天皇の条）や『上宮聖徳法王帝説』・『万葉集』などよりも傍証できる。しかし、いうところの垂仁朝にあったかどうかは疑わしい。伊勢神宮は、本来伊勢の度会（わたらい）氏が奉斎していた神を主体とするものであり、これが朝廷の奉斎神となるのは、それよりも遅かったと思われるから、この記事が現実に可能性をもってくるのは、もっと後のことであろう。

衣裳の問題

しかし西征にあたって、伊勢斎王の衣裳がうかんできているのは、水野氏もいわれるように「斎宮の呪的霊威を認識させることが重要な目的となっている」(『史観』四三・四四)こととして注意をひく。この観点は直木氏によって「伊勢霊験談」として発展させられている(京大『国史論集』)。このことは『古事記』が熊襲平定のおわりに山神・河神をことむけるということを記していることとあわせて、朝廷の信仰圏の拡大を背景とする呪術宗教的性格が、この説話に介在していることを示すものであり、宮廷の儀礼や信仰がある程度整備した段階で成立しえた説話であることを示唆している。伊勢神宮の神威説明譚としての性格が強い。

神威説明譚

それにしても、『古事記』にそうした呪術宗教的性格のあることは、建部設定を背景として誕生した日本武尊を『古事記』の述作者がおりこんでゆく過程で、伊勢天語連などとの関係もあって神宮の神威をより強く意識したことを反映するものである。『日本書紀』には、日の神が月の神とともに神がかりする話が、顕宗天皇の条にみえているが、伊勢大神を日の神として祭る宮廷信仰は、『日本書紀』の

日の神の神がかり

用明天皇の条にも記載されている。六世紀の頃には、伊勢大神は、日の神として宮廷信仰圏の中で主要な位置をすでにしめているのであるが、とりわけ重要な意味をもってくるのは、飛鳥浄御原朝廷（天武朝）のことである。

壬申の乱と伊勢神宮

というのは、壬申の年（六七二）における王権簒奪戦争―壬申の乱において、伊勢大神の神威はひときわたかまっており、柿本人麻呂が壬申の乱のことを歌いあげて「渡会の斎宮ゆ　神風に　い吹き惑はし　天雲を　日の目も見せず　常闇に覆ひ給ひて　定めてし　瑞穂の国を」（『万葉集』巻二）と詠んでいるように、頗る注目すべきものがあるからである。

乱の当初にいち早く東国に入った大海人皇子（後の天武天皇）は、朝明郡の迹太川（朝明川）のほとりで、天照大神を望拝したというが、この『書紀』の記事が恣意のものでないことは、『釈日本紀』所引の安斗宿禰智徳の日記にもみえていることである。

神祇の霊

高市皇子が「神祇の霊に頼り、天皇の命を請りて」と奏言し、更に

神統意識のたかまり

大海人皇子が「天神地祇、朕を扶けたまわば、雷雨息まん。」のたまい訖りてすなわち雷雨止みぬ」という祈請をしたことや、高市県主許梅が神がかりの中で神武天皇陵への兵馬貢上が託宣されるなど、文飾の背後に呪術宗教的な雰囲気と神統意識のたかまりがみちみちている。まさしく壬申の乱という王権の危機にのぞんで、伊勢大神を中心とする皇統譜は、あるいは神日本磐余彦（神武天皇）への貢献となり、あるいは始祖への回想となってよみがえってきている。

皇祖の神威

乱後の天武天皇が、とりわけ伊勢神宮を重視し、皇祖の神威を尊崇するのもあながち偶然ではない。『天武天皇紀』の二年（六七三）四月には、大来皇女を泊瀬斎宮（城上郡）に居らしめ、翌年十月には、泊瀬斎宮より伊勢神宮に参向せしめている。その四年二月には更に十市皇女・阿閉皇女が参向せしめられている。『天武天皇紀』にみえる大来皇女の参向が、壬申の乱の勝利と深く関係していることは『扶桑略記』

合戦の祈願

や『年中行事秘抄』が「合戦の願に依るなり」と記し、また『太神宮雑事記』が、乱のさ中に、大海人皇子が戦勝を祈願したことに「皇太神宮御杖代」の「斎進」がもとづくとしているのによっても推測される。

『太神宮雑事記』には、「彼の合戦の日（壬申の乱—筆者註）、天皇勝ちませり。仍って御即位二年癸酉九月十七日、天皇伊勢神宮に参詣して御祈り申さしめ給えり」ともみえていて、天皇親拝のことに言及している。『書紀』の大来皇女の参向記事となんらかの関係をもつことは事実であろう。

十市・阿閉両皇女の参向も、飯田武郷のいうように「戦勝の御賽（みさい）に依れるなるべし」（『日本書紀通釈』）と思われるが、この記事が重複やかってな造作によるものでないことは、『万葉集』（巻一）に十市皇女の伊勢大神宮参向のことを述べているのでもたしかめられる。

天皇の親拝

このように、天武朝と伊勢神宮の関係は密接であるが、その七年（六七八）には、天皇は天神地祇の斎宮を倉梯（くらはし）の河上（十市郡）にたてて行幸せんとしたことがあったし、

伊　勢　神　宮

さらに十年（六七一）五月には皇祖の御魂を祭っている（『日本書紀』巻二九）。まさしく乱の激動の中で、神威を体認した天武朝の天皇ならびに宮廷人の信仰が、一段とこの時期の王朝内部にはたかまっていた。その王朝の天子—天武天皇の「勅語」になる『古事記』に、伊勢斎王や神威のことが説話の完成に大きくはたらいたとすることは、たんなる推測とはいい難いものをふくんでいる。『日本書紀』によると、朱鳥元年（六八六）六月、天武天皇が病に臥し、その病因をトったところが、草薙劒の祟りであることが判明して、劒を熱田社に送ったという話がみえており、劒にからむ伊勢神威譚の完成期にふさわしい宮廷の神劒意識が具体化しているのも、大いに参照されよう。

持統朝の伊勢行幸も、こうした天武天皇の時における宮廷人の信仰を前提としたものであろうが、農時における行幸を諫止せんとする中納言三輪高市麻呂の行動（『持統天皇紀』）などが、「大夫」の矛盾として表面化してくる以前の王朝にこそ、こうした神威説明譚完成期の動きが介在しているのであろう。

みあれの信仰

しかしそれだけで、この説話が『古事記』に登場してくるのであろうか。裳をきるということには、神の〃みあれ〃を語る語部伝承に窺われるひとつのタイプである。すなわち『記・紀』の神話の邇々芸命や鵜葺草葺不合命が、真床覆衾をかぶって出現する話、変形はしているが須佐之男命が、蓑笠をつけて天降るという話などは、神の新らたな巡幸がものをきたり、かぶったりすることを前提としてくりひろげられたことをよく示している。大嘗会の時に、天子が真床覆衾をまとう神事があったのも、この場合参照されよう。小碓命が伊勢神威譚の性格を反映しながらも、裳をきるということにおいて、こうした神の〝みあれ〟的な伝承を背景にしていることを見逃せない。まさしくそれは、皇族将軍が、神権的な王者の代行者としてかくべからざる伝承の上の要素であったということができるだろう。この点においても『古事記』の方により古い王者の側面が物語られているのである。わたくしは原日本武尊説話がこうした面に窺われることを指摘したい。それが後の宮廷と伊勢との結合によって、宮廷儀礼を媒介としながら伊勢神威譚として加上発展していったと考えるのである。

　次に考えてみる必要のある問題に、熊襲ことむけの対象の相違がある。『古事記』の方では、小碓命が討ったのは、熊襲建兄弟である。ところが『書紀』は、前にもいったように、景行天皇親征を前提として、小碓命のことむけがあるのだから、ことむけの対象となるのは、川上梟帥一人が『書紀』の方には強く表面に

賤しきやっこ

でている。首長呼称のあり方は『古事記』のように兄第連称で記述する方が、説話形式としても古い。また川上梟帥が、『書紀』の方では、小碓尊に対して「賤しきやっこのいやしき口をもって御名を奉らん」ということで日本武尊の名をささげたというのなどは、きわめて従属的であり、地方の首長は、中央勢力に当然従うべきであるとする思想が反映されている。「西の方にわれ二人をおきてはたけく強き人なし」ということを述べる『古事記』の方が、ずっと小碓命と熊襲首長との関係は対等であって、この方がより古い面をもっている。

襲の国と熊の国

更に注目すべきことは、熊襲とはいうものの『書紀』の方は、はっきりと熊の国と襲の国をわけて考えている点である。そのことは前にも少し述べた景行天皇の親征説話をみれば明瞭である。すなわちそこでは、襲の国には厚鹿文・迮鹿文という首長がおり、天皇はこれを平定して、ついで熊の県の首長である熊津彦兄弟を討つことになっている。「悉く襲国を平ぐ」という表現や「熊県に到ります」

という『書紀』の書き方にも、そのことは示されている。

ここでいう襲の国とは、いったいどの地域を指すのであろうか。それは襲の国の首長の娘が、市乾鹿文とか市鹿文となり、その首長らが厚鹿文とか迮鹿文となのることがひとつのてがかりとなる。鹿文を共通に名の中にもっているわけである。ところが鹿父という地名は、大隅国（鹿児島県）姶良郡内にあり（鹿屋郷―『和名抄』）、大隅国東南地方の首長名であることがわかる。

したがって、『書紀』が襲の国というのは、熊地方（熊本県球磨郡地方）とは違うわけだ。その上興味深いのは、日本武尊の名をささげる川上梟帥というのも、『書紀』がその別名を取石鹿文としており、これも鹿文の地に関係がある。そして川上という地名も、やはり大隅国肝属郡の中にある（川上郷―『和名抄』）。

以上によっても明らかなように、『書紀』は、景行天皇と小碓尊との親征において、この襲の国平定に多くのページを費していることになる。後述するように、熊

国生みの神話

の服属は、襲よりも早く、両地方にわけて中央で理解されてくる段階は、熊と襲を一緒に区別しないで中央が理解した段階よりも新らしいものであるから、ここでも、熊襲を統一的に把握する『古事記』の方が、説話としては古いことが判明する。

熊と襲をわけて記す書き方よりも、熊襲の国とよぶ書き方の方がより本来的であることは、『古事記』の国生み神話にも窺われる。『古事記』の国生み神話には、九州の誕生を述べたところに「此の島も身一つにして面四つあり」と記す。つまり筑紫・豊・肥・熊曽の四つを内容とする。この場合見逃せないのは二つの点だ。ひとつは、熊と曽が二つの国とされていないことであり、他のひとつは日向がみえないことである。このことについて、ある人は原文の誤写ではないかという。しかしこれは伝本の校合によっても認めえないところである。かりに一歩譲って誤写とするにしても、日向を入れると「面五つあり」ということになって数が合わないし、熊と曽を別々にすると、ますます「面四つ」という記事に不都合を招く。やはり原文の通りに解釈するのがよい。そうすると、この国生み神話が、宮廷の儀礼を媒介として定着した頃には、古くは日向をふくめて九州南部が熊曽とよばれていたことになる。

鹿文の地方が、大隅国として分置されたのはかなり新らしく、和銅六年（七一三）のことである。日向四郡（噌唹・姶良・大隅・肝属）が、日向国より分割されて、その時に大隅国とされた（『続日本紀』）。つまり『書紀』のいう襲の国は、後に日向国に入れられていたのであり、そして大隅国になるのである。ちょうど熊の県が肥後国の範囲に入れられてゆく事情と同じである。このことは、吾平＝姶良が、「日向の吾平山上」（『神代紀』）とか「日向の国吾平津媛（あひらつひめ）」（『神武天皇紀』）とかという形で、後の大隅国の姶良郡地方が日向国に入っていたのでもわかる。景行天皇の親征説話が日向より襲の地方へと展開するのもこのことと無関係ではない。その親征説話の中で「日向（ひうが）の襲津（そつ）彦（ひこ）」という名がみえるのも参考になるだろう。

このように『書紀』が、襲の地方を熊の県とは別に、襲の国とするのは、熊襲を総称して熊曽建と記す『古事記』の書き方よりも新らしい。『書紀』の書法は「日向の襲の高千穂」（『神代紀』本文 第四の一書）とする邇々芸尊の天降り説話の書法の新らしさに共通する。川上梟帥の川上が大隅国内であることをあわせ考えればますますはっきりしてくるだろう。

熊の服属

中央勢力への帰順も、熊地方の方が早かったことは、地理的な関係ばかりでなく、次のような史料によって推定できる。いわゆる熊県の地方に存在する江田船山古墳出土の大刀の銘文には「ミズハオオギミの世」（反正天皇の代）がきざまれており、少なくとも反正天皇の時代には、この地域の古墳被葬者と中央との間には、一定の服属関係のあったことがわかる。反正天皇の代といえば、五世紀中葉の王朝である。そして薩摩・大隅地方の海岸地帯や附近の島々に住んでいた人々――隼人（はやと）が、中央勢力に従ったのは、『書紀』の語るところによれば、反正天皇よりは四代後の清寧天皇の時代ということになる。「日向隼人曽君」などという（『続日本紀』和銅三年の条）用例もあるから、隼人はひろく襲の人にも用いられていることもあって、その内附が、清寧天皇の時代とすることは、実年代はともかく、熊地方より曽（襲）の地方が遅れたことを傍証する。後には襲の国が、中央勢力によって服属した段階において襲の県ともよばれたことは、天平八年（七三六）の『薩摩国正税帳』に郡主帳として曽県主麻多のいることからわかるが、『書紀』が、熊の地方を熊の県とし、襲の地方を襲の国としていることも、この説話が、まだ襲の地方が服属する以前の認識にもとづくものを素材として加上され、作為されたものであることを物語る。五世紀における熊県制より襲県制へのひろがりが、ここにも見出されて興味深い（おそらく県制の南九州への普及は北九州よりも更に遅れたのであろう）。

このように、熊襲ことむけの内容を細かくみてくると、『古事記』の方がより古い要素をもつものであることが、次第にみきわめられてくる。そして『古事記』

の説話が、熊県服属以前の皇族将軍説話として位置づけられ、『書紀』の方がそれ以後の皇族将軍説話として述作されていったものであることが推考されるのである。まさしく『宋書』夷蛮伝にみえる倭王武（雄略天皇）の上表文が、「祖」の時代として述べる「躬（みずか）ら甲冑を擐（つらぬ）きて、山川を跋渉する」皇族将軍の時代に対応する説話が『古事記』の小碓命説話なのである。この点からも、雄略天皇の英雄形象が、日本武尊であるとする説はなりたたないであろう。雄略天皇が〝たける〟を名のり、その皇子としての説話内容が、日本武尊に類似していることは第二章で述べたが、それは類型的には建部設定を媒介として形づくられた皇族将軍または君主であっても、その説話内容には、古いもの――〝ひつぎのみこ〟・新らしいもの――専制君主――という段階差にもとづく発展がある。『宋書』の倭王武（雄略天皇）と、『常陸国風土記』の倭武天皇（日本武尊）とが、呼称上似ているといってこれを直結する考えには、わたくしは従えない。

皇族将軍の古さと新らしさ

肥前国風土記の巡幸説話

なお『肥前国風土記』には、日本武尊が巡幸した時、藤の津（佐賀県藤津郡内）に到着した時、夕日が西の山に入って、尊の船がそこにとどまった。翌朝、尊が船のともづなをみた時に、大きな藤をともづな（船をつなぎとめる時の太綱）として船がつながれていた。だから藤津の郡というのだとする地名起源説話の類が記載されているが、これなどは、後に述べる『常陸国風土記』にみえる地名起源説話が、日本武尊に附会して語られているように、神人の遊幸信仰を、歴史的な人物に結びつけて語るようになった、後の歴史意識によって日本武尊に加托されたものである。

帰路の事情

次に問題とすべきは、小碓命の帰路の事情である。『古事記』によると、小碓命は帰途、山の神・河の神・海峡の神をことむけて都に上る。その途次、出雲国（島根県地方）に入り出雲の首長（出雲建）を平定したことになっている。これに対して『日本書紀』の方はどうか。小碓尊は吉備国に入り、穴海（あなのうみ）（安那郡地方の海）を渡って「悪ぶる神」を討ち、更に難波に到る頃に、柏済（かしわのわたり）（西成郡地方か）の「悪ぶる神」を殺して天皇に復命するというのである。『書紀』では、出雲国にはたち寄らない。

更に『書紀』には『古事記』の方には書かれていない話が載っている。それは小碓尊が穴済(あなのわたり)・柏済(かしわのわたり)で、悪ぶる神を討ったのは、旅する人のわざわいを除き、水陸の道を開いたことにあったとし、天皇はこれを聞いて、大いにほめたたえたという。この話は『書紀』が出雲建誅伐を記さないのと対照的であり、『古事記』にはまったくみられない。

出雲建の誅伐

出雲建誅伐の話はどのようなものか。『古事記』は次のように述べる。出雲国に入った小碓命は、出雲建を討とうと思って、まずこっそりといちいの木で、刀の形をつくり、これを腰につけて、出雲建と一緒に、肥の河で水浴びをした。その時、小碓命は先に河から上り、出雲建が解いておいた大刀を腰につけ、「大刀をかえよう」といった。そこで後から河より上ってきた出雲建は、小碓命のいちいの木で作った刀を腰につけた。ここで小碓命が「さあこれから大刀を合わせよう」と挑んだので、出雲建は刀を抜こうとしたけれども、木で作った刀であるから、抜くこともできずに打ち殺されてしまった。その際に、小碓命がよんだ歌というのが

やつめさす　出雲建が　はける刀(たち)
つづらさわまき　さみなしにあわれ（記二三）

というのである。歌の意味は、「雲のむらがりたつ出雲建が腰につけた刀は、つるがたくさんまいていて、刀の身がなくて気の毒だ」ということである。

この話は『書紀』にはない。しかし似た話は、『書紀』の崇神天皇の条にみえる出雲(いつも)振根(ふるね)のところに載っている。出雲振根の話というのはどんな話であろうか。

出雲振根と出雲の神宝

それは出雲振根という人が、出雲の神宝を管理していた。崇神天皇は神宝をみたいと思って使を遣わし、献上させようとした。ところが、振根は筑紫の国にいっていて、留守である。その時弟の飯入根(いいいりね)が兄の許しをえないで、神宝を献上した。筑紫から帰ってきてこのことを知った振根は、「なにを恐れてやすやすと神宝を

献ったのか」と弟をせめ、やがて恨みを抱き、弟を殺そうとした。そこで弟をあざむいて、「止屋(出雲市塩冶町)の淵にたくさんの藻が生えている。一緒にみにいきたいものだ」とさそう。弟はあざむかれて兄と一緒に藻をみにいった。それより先に、兄はひそかに木の刀をつくり、それを腰につけていった。そして、「水がきれいだから水浴びしよう」とすすめ、水浴びをする。かねての計画通り、先に陸に上がった弟が解いておいた本当の刀を腰につけた。弟は驚いて兄の木で作った刀をとって互いにたたかったが、弟の方は木の刀であったので、抜くことが

出雲大社

できずに殺されてしまったというのである。そして時の人の歌として、前に引用した歌がそこのところに記されている。

こうした木刀と真刀(まだち)の話は、必ずしも出雲振根や小碓命に限ったことではない。相手の刀を逆に用いて殺す話は、『太平記』の阿新丸(くまわかまる)の場合にみられるし、また古くは眉弱王(まよわのみこ)が、相手の刀で天皇を殺した話(『安康天皇記』)などにみられる。そこには相手の刀で殺すという一種の説話類型を生みだす通過儀礼のあり方が反映されているし、振根の場合でも、また小碓命の場合でも、肥の河や止屋の淵での水浴みが場とされていて、一種の〝みそぎ〟をともなう成年戒ないし神の新らしい誕生という信仰的な要素がみられる。

また「さ身なしにあわれ」という歌には、嘲笑の意味がこめられており、歌垣における悪口歌の応酬につながる面をもっている。それにしても、『古事記』はなぜ、小碓命の帰路が出雲を通ることを特別に記しているのか。このことについて津田博士は、例の調子で、一種の類想から構成されたものとされているが（『日本古典の研究』上）、ただたんにそれだけのことではない。

出雲の建部と語部

古代信仰の上で、出雲のしめた位置は頗る大きく、またその政治勢力も独自のものを長く温存していたが、前にも述べたように、この地方に、建部が数多く分布しており、しかも語部が存在していたことを思えば、少なくともこの説話が『古事記』で小碓命のくだりに加入した理由として、次の二つの側面が考えられよう。ひとつは、〝ひつぎのみこ〟の巡幸に必要とされる〝みあれ〟的な信仰的側面であり、他のひとつは、建部設定を媒介とする出雲地方への軍事力の浸透とそれを通して語部伝承が集中化する側面である。

『書紀』の方が、水陸開発というきわめて政治的な分野に儒教的粉飾をまぜて説くのに、木刀と真刀の偽瞞と〝みそぎ〟を素材とする小碓命の出雲入りを説く『古事記』は、その節だけをとりあげてみても、それがたんなる中央の述作者の机上のプランとしてつくりあげられたものでないことが明らかとなる。出雲入りを説く『古事記』の方に、より説話としての古さがまつわりついているのである。

記紀の共通点

以上、主として熊襲ことむけをめぐる『記・紀』の相違点を中心にみてきたが、共通する面もないではない。それは、熊襲のことむけが、女装する小碓命によって行なわれていること、その殺害が、新築を祝う宴(うたげ)の場ではたされること、更に小碓命の勇武をたたえて「日本武尊」の名を奉ること、その三つである。つまりはなばなしい戦闘によって熊襲は倒されるのでなくて、きわめて儀礼的な雰囲気の中で、熊襲の首長が殺されるのである。このことはいったいなにを物語っているのか。そこに、重大な説話を支える謎のひとつがひめられている。

新らしい家ができあがった時に、その家の主人だけでなく、奴婢(ぬひ)までが祝いの祭りに参加したことは、顕宗天皇や仁賢天皇が若い頃の物語にもみられる。そしてそこでは、室寿(むろほぎ)の詞(ことば)と、そして舞が行われている(『顕宗天皇紀』)。少しばかり長いものだが、興味深いものだからあげてみよう。

(イ) 築き立つる　稚室葛根、築き立つる柱は、此の　家長の御心の鎮りなり。とりあぐる棟梁は、此の家長の　御心のととのいなり。とりおける　えつりは、此の家長の御心の平ぎなり。とり結える　縄葛は、此の家長の　御寿の堅めなり。とりふける草葉は、此の家長の　御富の余りなり。

(ロ) 出雲は　新墾、新墾の　十握稲の穂を、浅甕に　かめる酒、美らにを　やふるがね。あが子等。

(ハ) あしひきの　此の傍山の　牡鹿の角　ささげて　吾が儛えば、うま酒　餌香の市に直もちては買わず、手掌もやららに、うちあげたまわね。吾が常世等。

この中の(イ)の部分は、新らしい家を築いた家父長の心の平安と、長寿と富をたたえたものであり、まさしく家父長制的なにおいの強い節である。(ロ)の部分は、出雲の国ぼめに関するものであり、新室に集まっている若者によびかけた節である。(ハ)の部分は、鹿の角のついた面を頭にかかげて踊り、帰化人の来ってつくった餌香（えか）の市でつくった酒ではなく、もっと目出たい酒を飲めと新室の場にいる老人によびかけた節である。角のある鹿の面をかぶって舞うほぎごとの踊りは、『万葉集』（巻十六）にも、乞食者（ほがいびと）の鹿の歌があるが、悪魔祓いや田のみのりをあらかじめ祝う予祝（よしゅく）のしきたりを反映したものでもあろう。

三様のほぎごと

この室寿詞には、氏族共同体より農業共同体へと発展してゆく過程における家父長制の動向や、地方語部より宮廷へ奏上されて変化していった国ぼめや、ほがいの踊りにともなうほぎごとがそれぞれ三様にみられる。それじたいに古い民衆的なものと、家長を中心とする寿詞なり、出雲の国ぼめをともなう宮廷的なものとが混在しているのであるが、それにしても古い室寿の宴の内容をかなりの部分で伝えている。

そして、殊舞（たつつまい）を舞ったことが述べられている。この殊舞というのは、起ちつ居つして儛うことであったと『書紀』の注では記し、『釈日本紀』の養老私記には

「今の東舞是なり」としている。しかしそれは折口(信夫)博士もいわれたように侏儛(こびとまい)であり、田の精霊(たっこ)に関する舞だろう。いずれにしても、農耕と関係のある儀礼的舞であったようだ。大嘗祭の悠紀殿・主基殿も、本来は「構うるに黒木を以ってし、ふくに青草(かや)を以ってせよ」という素朴な一種の新室であったが、室寿詞はこうした宮廷の慣行にもうけつがれ、大殿祭(おおとのほがい)や新嘗祭(にいなめまつり)の室ほぎにも結合してゆくのである。小碓命の熊襲征伐が、新室の宴を場として展開するのは、以上のようにみてくると、儀礼との関連性の強いものであることがおのずと理解されよう。

女装をする小碓命

女装をした小碓命というのは、それならどういうことになるのか。古代前期において、祝部(はふりべ)や神部(かむべ)が軍隊に参加する例は、『神功皇后紀』や『推古天皇紀』にみえるが、かの神武天皇東征説話にも、道臣命が、厳媛(いつひめ)の名を授けられ神祭りをしたことが記載されている(『神武天皇紀』)。こうした戦争に女装して神に祈るものが加わることは新羅の場合にも存在する(三品彰英『新羅花郎の研究』)。したがって、叔母倭比売命より授かった「御衣裳」を小碓命がきるというのは（『景行天皇記』）、後の伊勢神威譚としての加上が介在しているのであろうが、やはり戦いと祭祀の関係が原日本武尊説話にあったことを示すものである。『記・紀』両書に共通する点が、儀礼と服属が結合し、宮廷と地方がそれによって支配関係を公に確証とした慣行にもとづき、それが基本的な原日本武尊西征説話のモチーフになっていることを見出す。津田博士は、女装もまた「贄物」として否定されたが、そう簡単にはかたずけられないものを含んでいる。

このようにみてくると、「日本武尊」というたたえ名の貢上は、一種の寿詞的なものであることが推定されよう。倭の勇者としての確認としての御名の貢上であり、熊襲首長の服属のしるしであった。地方首長がこうしたほめ名を奉ずることは、国魂を支配者の手に譲ることにほかならない。

まさしく戦闘によってではなくして、儀礼を場として寿詞を奉ずる服属のしか

ことむけの性格

たには、〝ひつぎのみこ〟の征討がきわめて呪術的であり、また宗教的な内容をもつことの共通点として軽視できぬものがある。ホメロスの叙事詩の英雄たちと比べれば、それは偽瞞(ぎまん)と計略にみちたものであり、五世紀の王権確立が、どのようなことむけを内容とするものであったかを、この熊襲ことむけの説話が端的に示している。在地の共同体を破壊して労働奴隷制を編成しえなかった王権の弱さと、共同体的諸関係を再編しつつ王権を維持せざるをえなかった天皇制国家のあり方は、小碓命が皇族将軍として〝ことむけ〟に向う姿の中からもくみとれるのである。

第四　蝦夷の征討

一　悲劇の発端

西の方、熊襲を討って帰還した小碓命（以下日本武尊という）は、ほどをへないで、東の方、蝦夷の征討に出発する。休む間もない日本武尊の物語は、ここにおいて一種の悲壮なひびきをもつ。『古事記』は、そのいでたつ尊の感慨を次のように伝える。景行天皇は、倭（やまと）に帰ってきた尊に対して、「東の方、十二道の諸国に、悪い神や中央の命令に従わない人々がいるから、すぐさまこれを平定せよ」としきりに詔（みことのり）する。そして吉備の臣らの祖先である御鉏友耳建日子（みすきともみみたけひこ）を副え、比々羅木（ひひらぎ）でつくった立派な矛を与えた。命令をうけた尊は、伊勢の神宮に参り、そこに仕え

天皇の心

ていた叔母の倭比売命（やまとひめのみこと）に面会した。日本武尊は東国に行くさいに伊勢にたちよるのである。そして倭比売命に尊が申すのには、「父上は、わたしに早く死ねと思っていらっしゃるのでしょうか。どうして西の方の従わない人々の征伐にお遣わしになって、これを従えて帰ってきてから、まだ間もないのに、兵士も下さらないで、更に東方十二道の諸国の王威に従わない悪い人々を更に平定するためになぜわたくしを遣わされるのでしょう。このことを考えると、天皇はやはりわたしが早く死ねばよいと思っておいでになるのです」とこころ悲しく涙にくれた。そこで倭比売命は、尊に草薙（くさなぎ）の剣を授け、また嚢（ふくろ）を渡して尊を勇気づけ、「もし急な出来事が起ったならば、この嚢の口をほどきなさい」といったというのである。

須佐之男命との対照

この一節には、天皇の出動命令をいきどおりながら、命令に反抗もしえず、さりとて抗議もできないで、戦場にいで向う悲壮な尊のこころが描かれている。ことむけの軍旅を続け、さすらいの遍歴をするこの日本武尊の説話には、高天原における天照大神の新嘗屋をあらあらしく犯したために、祓(はらえ)つ物を負わされて、高天原を追放される須(す)佐之男命(さのおのみこと)のあり方に、きわめて似通ったものがある。須佐之男命もまた八俣(やまた)の大蛇(おろち)の〝ことむけ〟を行ない、叢雲(むらくも)の剣を奉ずるのであり、『書紀』によれば、須佐之男命は青草の笠蓑(かさみの)を着て村々をさすらうのである。それらの説話には農耕神事との関係が記述の上に反映されているが、説話の類型として

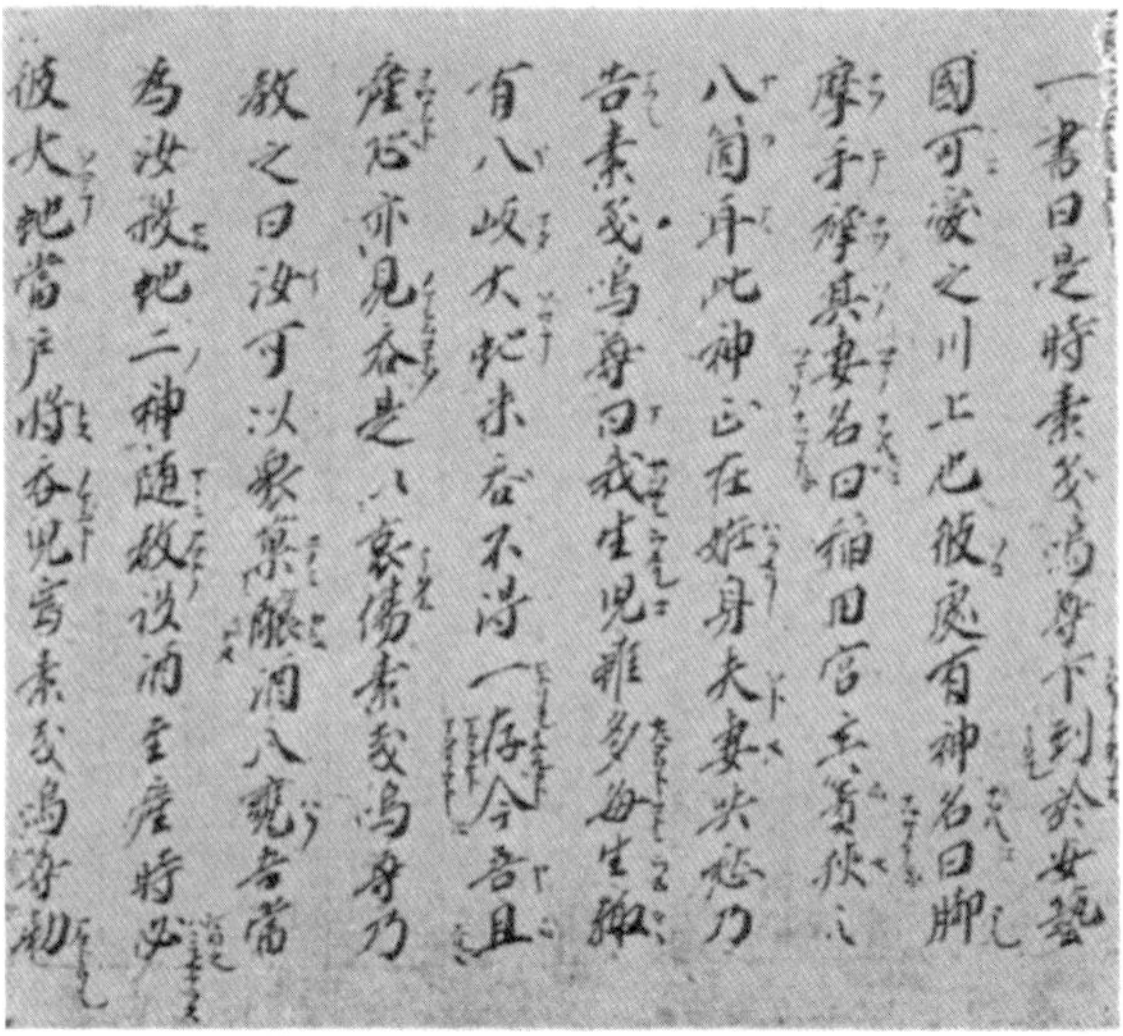
一書曰是時素戔嗚尊下到於安藝
國可愛之川上也彼處有神名曰脚
摩手摩其妻名曰稲田宮主簀狹之
八箇耳此神正在姙身夫妻共愁乃
告素戔嗚尊曰我生兒雖多毎生輙
有八岐大蛇來呑不得一存今吾且
產恐亦見呑是以哀傷素戔嗚尊乃
教之曰汝可以衆菓釀酒八甕吾當
爲汝殺蛇二神隨教設酒至產時必
彼大蛇當戶將呑兒素戔嗚尊勅

鎌倉本『日本書記』(素戔嗚尊の段)

は、日本武尊のこのくだりは大国主命よりも須佐之男命のタイプに属するものだ。日本神話における神格の中で、須佐之男命が宗教的に深い意味をになう神であることを思えば、その対照もけっして軽視できないであろう。

あわれの性格

この尊の出発事情は、戦争中「大君のみことかしこみ」愛する妻の手枕をはなれて軍旅についた防人（さきもり）のこころに対比されたことがある。そして戦争のための愛国心を奮いたたせる素材として一部の人々に利用されたことがある。しかし『記・紀』の描く日本武尊は、けっして防人のような一兵卒ではない。『記・紀』の物語るところをみてもはっきりわかるように、皇族将軍であり〝ひつぎのみこ〟である。しかも尊の姿勢には、王権を絶対視する絶望的な悲しみがただよっているのである。そのあわれさは、とかく英雄たる尊の悲劇として評価されやすいが、ホメロスの英雄――たとえばアガメンノン Agamemnon が、衆議会の決定に従わざるをえずしてかもしだす悲劇性とは、あまりにもかけはなれている。尊の悲劇は、衆議会の決定によってではなく、王者の命令によっておこっているのである。

書紀の出発事情

ところで『書紀』の語る尊の出発事情は、はたしてどのようなものであったろうか。『書紀』の筆の運びは、小碓命の西征の場合と同じく、かなり内容が違っている。第一に、蝦夷の征討の担当者は、最初から尊と決められてはいなかった。第二に、日本武尊の景行天皇の命令に対する態度がまったく異なっている。第三に従者の内容にもひらきがあるし、与えられた物も違う。

蝦夷の叛乱

『書紀』の書きぶりはこうだ。景行天皇の四十年七月のことである。天皇が群臣にいうのには「最近東国が安らかでない。悪い神が多く、そしてまた蝦夷がそむいて民衆を奪っている。いったいだれを派遣したらよかろうか」と。群臣は誰がよいのかわからないのでただだまっていた。すると日本武尊が申すのには「自分は、先に西の方に赴いてたいへんに疲れている。今度の平定は、大碓皇子（おおうすのみこ）があたる仕事でありましょう」。これを聞いた大碓皇子は、おどろきおそれて逃亡した。

そこで天皇は使いの者を遣わして、大碓皇子を責めていうのには「お前が欲しない任務をどうしてお前に無理に押しつけようか。まだ賊にあってもいないのに、お前が恐れおののくことは、なぜこのようにはなはだしいのか」。こうして大碓皇子は美濃国に封ぜられることになる。

雄たけび

この有様をみて日本武尊が、雄々しくもいうのには、「熊襲をすっかり平定してから、まだ幾年もたっていない。しかるにまた蝦夷がそむいたということである。わたしはきっといつの日か平らげるであろう。自分は疲れてはいるけれども、ひたむきに蝦夷の叛乱を平らげようと思う」。このあたりは、『古事記』が記す「天皇はわたしに早く死ねとおっしゃるのか」という尊の煩悶やいきどおりとはすっかり反対で、まことに対照的である。『書紀』における尊の意気はいよいよさかんであるといわねばならぬ。

汝の天下なり

そこで天皇は斧鉞（まさかり）を尊に授け、蝦夷の風俗や攻略の注意をこまごまと与えて、

「今自分がお前の人となりをみるのに、体も大きく、容貌も美しい。そして力も強い。その勇猛さは雷電のようであって、向うところ敵なく、攻めれば必ず勝つ。自分は知っている。形はなるほど自分の子ではあるが、事実は神人である」と。このような最大の讃辞を景行天皇はおくるのである。しかもその言葉には「是の天下は則ち汝の天下なり。是の位は則ち汝の位なり」という言葉さえがみえる。天皇は日本武尊に天皇としての代行を承認しているばかりでなく、〝ひつぎのみこ〟の〝ひつぎ〟たる所以をくりかえし確認している。そして深慮遠謀をもって、軍隊は思いのままにつれてゆくことをすすめている。『古事記』が、「軍衆（いくさびと）をも賜わずして」と尊が悲憤の涙にくれると描いているのといかに異なっているか。

再び天皇を拝して尊は、神の「恩頼（みたまのふゆ）と天皇のみいつによって、その境に望み、示すに徳教を以てすれば、蝦夷は必ず従うでありましょう。それでもなお従わなかったならば、兵をあげてたたかいこれをきっと撃退いたしましょう。」とも語る。その言葉の節々に天皇の権威が完全にしみわたっている。天皇は吉備武彦と大伴武日連に命じて尊に従わせ、そして七掬脛（ななつかはぎ）という人を膳夫（かしわで）（食事を造る者）として副えたという。

尊は『古事記』にも記しているように、『書紀』でも伊勢の神宮にたち寄るが、その時の倭姫命にいう言葉も違っている。すなわち「いま天皇の命令を承って、東に赴き、諸々の叛抗する人々を討伐しようと思います」というのである。『古事記』のいう尊のなげきは、『書紀』では片鱗も窺えない。草薙剣（くさなぎのつるぎ）を倭姫命が日本武尊に与える話は記述されているけれども、『古事記』の記す嚢の話も『書紀』にはみえてはいない。

征討の対象

このように出発の経過が異なっているのである。まったく不思議である。その上、詳細に説話を観察すると厳密には征討の対象が、ここでも『記・紀』両書では、はっきりとずれがある。『古事記』が征討の対象とするのは「東方十二道諸国の荒ぶる神」であり、「まつろわぬ人」であるが、『書紀』の方では明確に「東国」の「蝦夷」としている。

これはいったいどのような事情をうつしだしているのだろうか。両書に共通しているのは、東征にあたって、日本武尊が伊勢にたちよったことと、倭比売命より草薙劒を与えられたことである。ここには、前章でも述べたような伊勢神威譚の色彩がやはり強い。伊勢大神の神威が、繰り返し強調されており、この神劒によって焼津（やいづ）の火焼きを逃がれた話は、あまりにも有名だし、また後で詳しくいうように、この劒を尾張の美夜受比売（みやずひめ）のもとに預けておいた時に、伊吹山のたたりに遭遇（そうぐう）することになる。尊の死が、劒を手放した時より迫ってくるという説話の構成は、伊勢神宮の神劒の霊能を象徴するものがある。更に『書紀』では、征討によって捕えられた蝦夷は、神宮に献じられたことも伝えている。

このような伊勢神威譚が、宮廷旧辞の世界で完成するのは、伊勢大神が皇祖神としてはっきり認識され、信仰される段階になってのことであり、原日本武尊説話に加上されたものであろう。しかし伊勢のことが、東征の中で浮かんでくる事情は、ただそれだけのことではあるまい。まず草薙剣より考えてみよう。

草奈支神社の伝承

鐶頭の大刀(右)と頭椎の大刀(左)

『古語拾遺』によると、天照大神と草薙剣が倭の笠縫(かさぬい)

邑に遷され、更に伊勢に祭祀されることになったと伝えているが、伊勢外宮の摂社にある草奈支神社（『止由気宮儀式帳』）については別個の伝承があるのが注意をひく。伊勢外宮は代々度会氏の奉斎するところであったが、度会氏には次のような古伝がある（『豊受宮禰宜補任次第』）。

それによると度会氏の遠祖大若子命が、垂仁天皇の時代に、越の国の賊をうった時に、標劔として賜ったのがこの劔であり、凱旋した後に神として祭ったのがこれであるという。外宮の摂社の中でも、この社が重視されたことは、この社の祭典には必ず職員が奉仕したことでもわかるが、こうした別伝が、伊勢在地の豪族であった度会氏の遠祖と結合して存在することは軽視できない。

ことむけの採り物

神々がことむけにあたって、採り物をもつことは、日本神話に数多くみられるが、大殿祭の祝詞（『延喜式』）には、皇孫の命が、天つ高御座について「天つ日嗣を万千秋の長秋に大八島豊葦原の瑞穂の国を安国と平けく知し食せとことよさし奉り賜いて、天つ御量をもって、ことといし磐根・木根たち、草のかき葉をも言やめて、天降り賜いし食国天の下と、天つ日嗣知し食す皇孫の命の御殿を……」とあり、その基本的な姿を端的に示している。

天つ御量

つまり神が天降り、中つ国を平げるのに、天つ御量という採り物をもったというのである。こうした例はかなりある。『出雲国風土記』には、大国主命のことむけを「五百津鉏の鉏取り取らして天の下造らしし大穴持命」とか、「天つ御量持ちて天の下造らしし大神」とかと述べる。『記・紀』の神話にいう天の瓊矛や生太刀・生弓矢は、原初的には天つ御量であったのであり、それは田打ちの呪物であった(高崎正秀「芸林」一の三)。とすれば、日本武尊が八尋矛――しかもそれは魔除けの物とされる柊でつくってある――を景行天皇から与えられ(『古事記』)、また斧鉞を天皇から授けられる(『書紀』)という説話は、神や〝ひつぎのみこ〟のことむけにふさわしいものであり、天つ御量をもって田打ちをして魂ごめをするという農耕神事の採り物につながる説話であることが明白となる。それは出雲や宮廷の儀礼を場として発展した『旧辞』の伝承を反映する賜い物である。にもかかわらず、再度日本武尊は、草薙剣を与えられるのである。しかも度会氏の伝承には、別個の剣の伝承があった。こうした二度の採り物の重複は、なぜ起るのか。それは、度会氏を中心とする草薙剣の伝承が、天語連らの宮廷への寿詞・寿歌の貢上の中で、宮廷世界にとり入れられ、同時に上からは、〝みあれ〟の神の信仰をもつ内宮が皇祖神として大きくクローズ＝アップされるようになって、原日本武尊説話に加上されるようになったのであろう。

矛と剣

伊勢の位置

もうひとつの理由も考えておく必要がある。それは東国の経略にとって、軍事・交通上伊勢地方が重要な位置をしめたことである。壬申の乱で、大海人皇子は美濃・尾張の兵を動員することができたが、伊勢はこの際にも大きな役割を演じている。後に持統天皇はそのこともあって伊勢に行幸するが、その際伊良虞（いらご）（渥美半島の尖端にある伊良胡岬）の島見が行なわれたようである（『万葉集』巻一）。この点について直木氏は、この時の船出が伊勢より三河の一部までおよんだのではないかと推測されているが（『持統天皇』）、伊勢が東国の経営の上ではたした役割は十分に考えられることである。このことからも、東国経路に伊勢が登場してくる理由の一斑が考えられるのである。もとより『記・紀』が後に記すところによると、尊が東征の際三重県桑名郡の尾津（『神名帳』に尾津神社あり）に立ちよったことを記しており、説話内容からは伊勢より海路ただちに尾張や駿河に入ったとは考えられない。しかし、尾津（多度町のあたり）の地は昔は入海であり、『書紀』が尾津の浜とも記すように、その地より尾張に向うコースは当然考えられることである。

尾津の浜

英雄時代論の論点のひとつ

さて次に問題になるのは、『古事記』のいう日本武尊のなげきといきどおりの問題である。なぜ『古事記』にのみこのことが記載されているのか。この点が、戦後さかんとなった「英雄時代」の英雄＝日本武尊論の最大の論点のひとつであった。石母田正氏は、日本武尊は浪漫（ロマン）的な英雄であり、叙事的な英雄ではなく、浪漫的英雄として形象化することに作者の一貫した意図があったとされ、こうした文学精神は、古代貴族の独立性と主体性が失なわれた堕落を告白するものと意味づけられたし（『論集史学』）、また藤間生大（とうませいた）氏は、『古事記』が尊の従者に大伴氏を加えていないことに注目して、伴造出身の強大豪族に対抗する群小豪族——県主階級が、『古事記』の東征物語を守ったものであることを指摘された（『やまと・たける』）。石母田氏の場合は、日本武尊に矮小化（わいしょうか）する英雄の姿を、古代貴族の王権への屈服の過程に見出されており、多少藤間氏と論点は違うが、それでも、いかにゆがめられていても、「英雄時代なくして英雄がただ後代の作者の観念から創造しえない」とする見地から論究されている。

がしかし、日本武尊のなげきは、「英雄時代」の英雄の残映であり、また群小豪族が守り育ててきた説話であることに謎がひめられているのであろうか。わたくしは石母田・藤間両氏の津田史学を克服せんとする意図には高い評価を与えるべきだと思うが、若干見解を異にする。それはなぜか。

東方十二道の問題

まず第一に、日本武尊の言葉の内容には、後の潤色にもとづく部分がみられるからである。それは「今更に東の方の十二道の悪ぶる人どもことむけに遣わす」という文章である。ここにいう東方十二道とは、東方十二国ということである。こうした「道」のよび方が可能になるのは、国郡制設置以後のことであり、述作者の作為によるものとするのが津田博士の説である（『日本古典の研究』上）。こうした表現は、『崇神天皇記』にもあるが、これはやはり新らしい用語というほかはない。大化二年（六四六）の詔にも「東方八道」という用語があり（『孝徳天皇紀』）、それは明らかに相模・武蔵・上総・下総・常陸・上野・下野・陸奥の八国を指す。それは東国の八つの国に国司が置かれた時の話である。『常陸国風土記』には、足柄の坂から東が我姫（あづま）の国とよばれ、我姫（あづま）の道が、八国に分れたのは、孝徳天皇の時とするから、これは

我姫の国

『書紀』の記事にも符合する。

東道将軍と東方八道

東海諸国を「東道」ともよんだ例は、壬申の乱の時紀阿閉麻呂（あべまろ）を「東道将軍」といった書法にもみられるところだが（『壬申紀』）、平安時代にできた『高橋氏文』にも、「東方諸国造十二氏」とみえており、「坂東九国」、「坂東十国」、「東方八道」、「東方十二道」という表現が、国制の確立後に称されたものであることはたしかである。その十二国の内容が本居宣長翁のいうように、伊勢・尾張・参河・遠江・駿河・甲斐・伊豆・相模・武蔵・総（ふさ）・常陸・陸奥とするのがよいか（『古事記伝』）、大化二年の詔にみえる東方八国に尾張・参河・駿河・遠江を加える方がよいか、『古事記』には明記されていないので断定しにくいけれども、それが東海の諸国を中心とするものであることは、『古事記』のことむけの東方の内容より明らかであろう。ともかくもこうした表現が、現実に中央勢力に東国が服属した後の用法にもとづくことだけは、だれもが認めねばなるまい。

倭比売命と海部の伝承

第二に、倭比売が御嚢を与える話が、このくだりについて『古事記』では語られている。嚢が神宮の重要な神具であったことは、「相殿坐神御装束嚢二口」とあるのによっても（『皇太神宮儀式帳』）わかるが、更に興味深いのは、この倭比売命について海部の伝承が結びついていることである。御贄・御膳の処を定めるために、倭比売命が巡幸する話がそれである（『神宮雑例集』）。由貴潜女らを定めたり、倭比売命の船が留った時に大小の魚・貝や海藻がより来ったという話には、いわゆる伊勢海部の伝承がうけつがれている。天語連が、贄物の貢上を通じて寿詞や寿歌を奉ったことは、第二章で述べたが、このようにみてくると、『古事記』の伊勢に関する話が、伊勢海部や在地の信仰を素材としてできあがったものであることの一端が推し測られる。草薙劒に関する別個の伝承を度会氏が伝えていることを考えあわすと、そのことはますます理解しやすくなるだろう。藤間氏は、これに群小豪族＝県主層の荷担層を想定することによって、東征説話の『古事記』の真相をみきわめようとされたが、県主層とこの説話とを結合する史料は何もだされてはいない。ただ『書紀』が大伴氏の随行を伝えるのに、『古事記』がこれを記さないことが、推定の手がかりになっている。

大伴の随行

大伴武日連の尊への随伴は、たしかに『古事記』にはない。しかしだからといってこれを県主層が伴造に対抗することを反映する説話構想といえるだろうか。伊勢の県制が、県主を名のらず、県の造であり、その例が特殊であることは、対馬の県・直などとともに留意を要するが、これは伊勢の軍事・交通また信仰上の重要性においてこそ問題とはなっても、だからといって、県主層一般の守った説話とは到底考えられない。むしろ伊勢の在地の信仰や伝承を媒介としてとらえる方がよさそうである。

七掬脛のこと

『書紀』の伝える大伴氏や七掬脛の参加は、むしろ別個の見地より考察すべきではないか。というのは膳夫となった七掬脛のことは『古事記』にも述べられており、それには「久米直(くめのあたえ)の祖先」とされているからである。大伴氏が軍事に関係をもつ伴造として久米部を率いていたことは、『神武天皇紀』に大伴氏の遠祖とする道臣命(みちのおみのみこと)が来目部(くめべ)を率いた話があり、また『神代紀』に大伴氏の遠祖天忍日命(あめのおしひのみこと)が、来目部の遠祖である天槵津大来目(あめのくしつのおおくめ)を率いた話があって明らかであるし、『雄略天皇紀』にも大伴氏が来目部を管掌したことが述べられている。

そればかりではない。『神武天皇紀』によれば、大室の饗宴に、八十膳夫が設けられ、人毎に刀を帯びていたことが記されているが、この膳夫は、『古事記』が久米歌との関係で述べているように、やはり久米部が担当した。宮廷の膳職においてもっとも大きな任務をもったのは、安曇(あずみ)氏の率いる海部と大伴氏の管掌する膳部であったが、後者の膳部の方には膳夫臣(後に高橋朝臣)、膳大伴部・佐伯部や白髪部の一部などがあった。平安時代につくられた『高橋氏文』は、安曇氏に対して高橋氏が膳部として由緒の古いことを力説したものであるが、大伴連が『書紀』の方に登場し、『古事記』とは違って（『古事記』は日本武尊説話の最後に記す）久米の膳夫のことが一緒に述べられているのは、海部系に対する膳臣系の纂紀にもとづいて介入したとみる方がよいだろう。県主の中には、河内（大阪府）の志幾大県主のように巨大なものもあったのであるし、これを一括して群小豪族ということにも問題があるからなお更である。

国造を県主の上層行政官と単純に考えることがあやまりであり、県主と国造は上下関係としてよりも、歴史的な前後関係として位置づけるべきことをわたくしは、これまで一貫して主張してきたが（上田『日本古代国家成立史の研究』）、藤間氏の場合にも、県主層を一般に国造よりも下で、群小豪族と解する通説の誤謬が影響を与えている。

したがってわたくしは、『古事記』の伊勢関係記事は、むしろ伊勢海部や度会氏の伝承が素材として有力であり、『日本書紀』は久米膳夫系の説話として強くでていることを見逃すべきではないと思う。有名な久米歌について『日本書紀』は

「猶手量（たばかり）の大小及び音声の巨細あり」と注記しているが、この手量も田量の大小と解され（高崎前掲論文）、膳夫との関係においてみる時は、稲魂を込める（来目の語源もこれと関係するかも知れぬ）田遊び系の儀礼歌であったかも知れない。それは大嘗会に大伴氏らが、舞人を率いて久米舞を奏する形で固定してゆくのであるが（『貞観儀式』『延喜式』）、

大伴と久米

大伴と久米の関係は、このように大化前代よりの伝統をになうものであったのである。

尊の悲劇性は、英雄の悲劇性というよりは、伊勢の海部や度会氏の信仰や伝統が、王権に屈服してゆく意味における悲劇性であり、天語歌の示す天皇寿歌としてのコースの示すあわれさであったとわたくしは推測するのである。

二　東征の経路

尾張入国

伊勢を出立した日本武尊は、その後どのような経路をとったか。『古事記』には

伊勢より尾張に入ったと書かれてある。尾張の国造の祖先である美夜受比売(みやずひめ)の家に泊った。尊は美夜受比売が気にいって、結婚しようと思ったけれども、平定の事業が終って都に帰ってくる時に結婚することにして、約束だけをとりきめた。そして山河の荒ぶる神や服従しない人々のことむけの軍旅に向うのである。

『書紀』はどのように述べているか。『書紀』には出立にあたって尊が尾張に入ったことはみえていない。『書紀』では、尊はまず伊勢より駿河国(静岡県)に入る。尾張にたち寄ったとは記さないのである。

焼津の向火

しかも焼津(やいづ)での向火(むかいび)の話が続いて語られているが、そのおもむきも『記・紀』ではかなり違っている。『古事記』には尾張から相模(神奈川県)に入った時の話として記載されている。説話の筋を『古事記』によって追ってみよう。

沼の神

尊は相模の国に入って、その地方を遊幸していた。この地方の国造が、ある時、尊を偽っていうのには「この野原の中に大きな沼があります。その沼の中に住んでいる神は、ひどく乱暴な神です。」と申した。そこでその神をみるために、尊は野原の中をつきすすんでいった。すると国造はかねての計略通り、野原に火をつけたからたまらない。火はみるみる中に燃えあがり、ひろがっていった。欺かれたことを知った日本武尊は、伊勢の叔母からもらった嚢の口をとくと、その中に火打石があった。これ幸いと尊は草薙劒で草を刈りはらい、火打石で火をつけて、向火をもって火難をさけることができた。そして国造らを切り倒し、火をつけて焼いてしまった。そこでその地を焼津というのである。

ざっと『古事記』には、このように述べられている。これに対して『書紀』の方は、尊は駿河国に入った。ところがその地方の賊があざむいて、「この野原の中には、大きな鹿がたくさんおります。その息は朝霧のようであり、足は茂った林のようです。どうかおいでになって狩りをして下さい。」といった。尊はその偽りの言葉を信じて、野原の中に入って狩りをした。賊は日本武尊を殺そうと思って野火をはなった。尊は漸くあざむかれたことを悟って、火打石を以って火をつけ、向火をつけて難を切り抜けることができた。尊は「すっかりだまされてしまった」といって、賊どもを焼き滅ぼした。そこでその地を焼津というのである。

コースの違い

両方とも地名説話としての色彩が強く、伝説化しているが、『記・紀』両書の伝えるところは次のように相違の箇所がある。第一に、場所が異なっている。『古事記』では尾張→相模となり、『書紀』は駿河国の事件とする。焼津はいうまでもなく、駿河とする方が地理的には正しいが、『古事記』の述作者は、これを相模とし、「相模の小野に　燃ゆる火」という歌をここに結びつけるという地理上の混乱がみられる。焼津を相模とする考えは、中央ではかなり根強く残っており、『古語拾遺』や『帝王編年記』もこれによっているが、この場合の相模が駿河までを含むとする見解には従いにくい。

第二に、『古事記』では、国造の計略とするのに、『書紀』は賊とだけ記す。しかもそのはかりごとも『古事記』が「沼」に重点をおき、沼の神が乱暴であるとするのに、『書紀』は鹿狩り（『古事記伝』は「しし」とよむ）の話としている。その点では『古事記』の方がずっと宗教的である。

第三に、火打石について『古事記』は、伊勢の倭比売よりもらった嚢をとくことに力点のひとつを置いているが、『書紀』はただ火打石で向火をつけたと記すだけである。この箇所においても伊勢神威譚としての性格は『古事記』により濃厚である。

このような相違はいったい何を物語るのか。地理上の錯誤は、これが伝説として確固たるものをもっていたものでなく、地名説話として宮廷の作者が構成したものであることを端的に示すし、『古事記』の方が荒ぶる神のことむけを主題とし、伊勢神威譚としての性格を強く反映しているのも『古事記』のことむけが、「山河の荒ぶる神」のことむけに焦点をあわせていて、蝦夷征討に対象をおかず、『書

神人の遊幸説話

紀』よりも、はるかに宗教的神人の遊幸説話として描いていることにもとづくものである。そして「まつろはぬ人」の具体的な存在として国造を描いている

国造層のことむけ

ことは、この説話が国造層のことむけを背景としてできあがったものであり、在地豪族の権力へのくみ入れを土地の神の従属という形で述べているものであることを示唆する。

地方豪族の政治的従属が、た

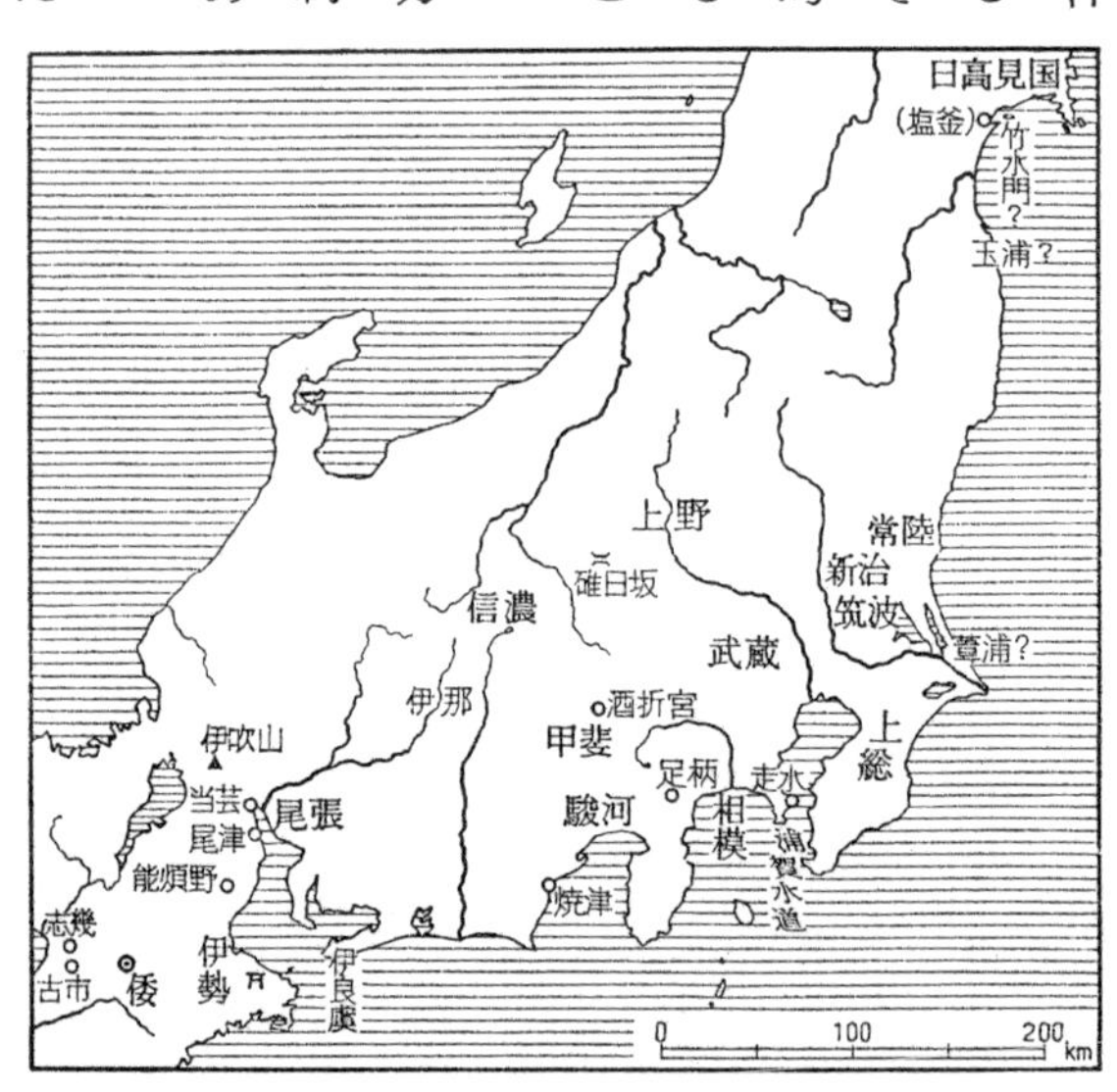

日本武尊蝦夷征討参考図

んなる支配関係ではなく、釆女(うねめ)や寿詞の貢上をともない、土地神の宗教的隷属をもあわせもつものであったことを思えば、たとえ地理上の誤認はあっても、『古事記』作者の文学精神の方がより古い面を伝えていることになる。

こうした火の中で焼かれんとする神の話は、日本武尊ばかりでなく、『古事記』の大国主命の神話にも鏑矢(かぶらや)を野原の中に射入れて、その矢をとりに入らせ、まわりから火をはなって焼きめぐらした話などもある。これが一種の成年戒であり、そうした慣行の反映であることが多くの人々によって指摘されているが、『記・紀』に共通する野火の中の尊の姿には、〝みそぎ〟によって神格が誕生する出雲ことむけの叙述と似通うものがあり、やはり宮廷における旧辞の世界で定着した、〝ひつぎのみこ〟の戒としての儀礼を通路として構想されたものであろう。

走水の海の出来事

尊の東征は更に続けられる。尊は相模から上総(千葉県)に入ろうとして、走水(はしりみず)の海を渡ることになった。走水の海というのは浦賀の海——浦賀水道がこれにあたる。

『古事記』はその時のことを次のように物語る。

走水の海を尊の船が渡ろうとした時に、海の神が、波を荒らだてた。そのために尊の船はただよって前に進むことができない。その時、妃の弟橘比売（おとたちばなひめ）が申すのに「わたしがあなたに代って海に入りましょう。あなたは任務をはたして、御返事を無事に天皇に申し上げ遊ばせ」。こういって海に入ろうとする時に、菅（すが）の畳八枚、皮の畳八枚、絹の畳八枚を波の上に敷いて海の中に入った。そのために荒い波がおのずと安らかになって、尊の船は進むことができたのである。弟橘比売が入水にあたって歌ったのが、

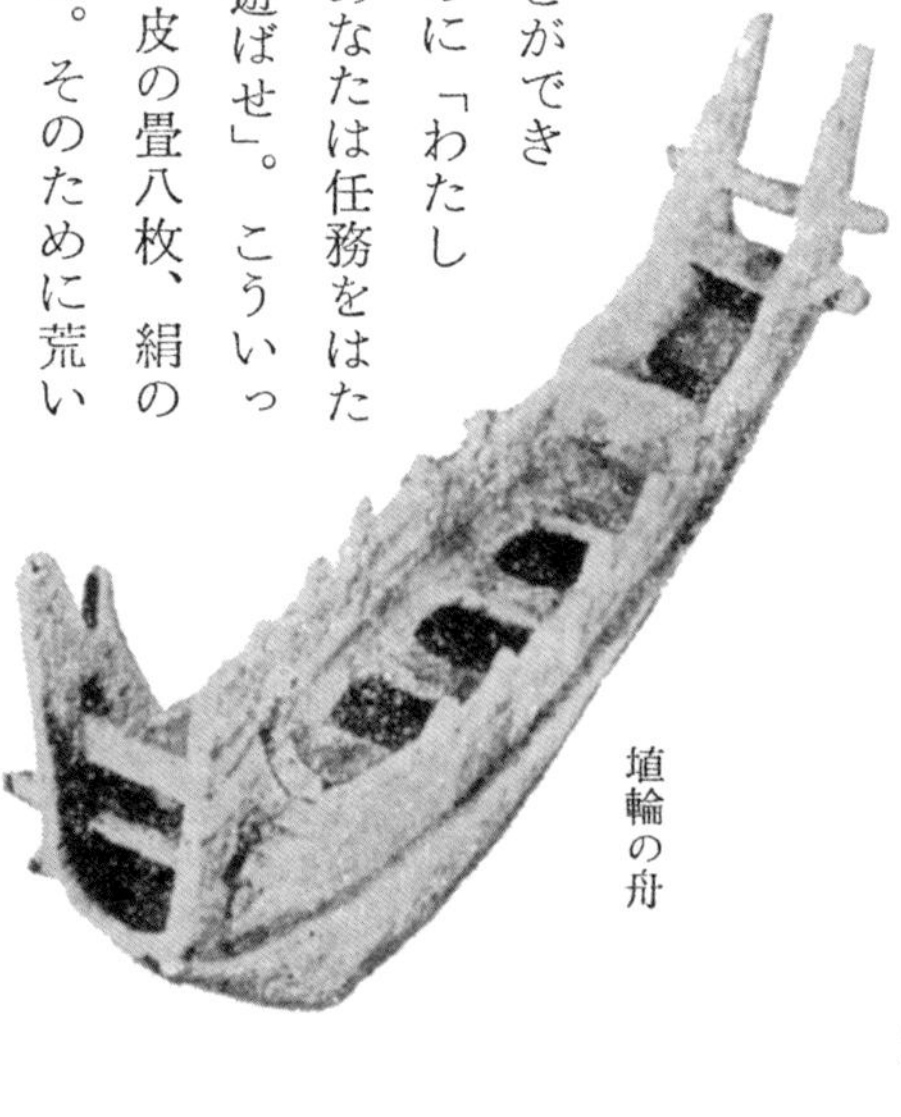

弟橘比売の入水

埴輪の舟

さねさし　相模の小野(おの)に　　　　相模の野原の中に
燃ゆる火の　火(ほ)の中にたちて　　火攻めの火中で、
問ひし君はも　（記三五）　　　　　わたしの身を気づかって下さった君よ。

という歌であった。それから七日の後に后の櫛が海辺に流れついた。そこで尊はその櫛をとって、墓をつくってその中に納めた。

以上が『古事記』の伝えるところである。『書紀』にはその話は次のように語られている。

尊の高言

尊は相模より上総に行こうと思った。走水の海をみて、「これは小さな海である。立ち走りでも渡ることができる。」と高言した。さて海を渡ろうとすると暴風がにわかに起り、尊の船は木の葉のようにただよった。この時、尊の妾である弟橘媛が「風が起り、浪が荒だって、このままでは尊の船は沈んでしまいます。これはきっと海の神の心によるものでありましょう。わたくしは妾ではありますが、尊の命を贖(あが)なうために、代りに海に入りましょう」そういい終わって、波をかきわけて入水した。そのために暴風がやんで、無事に向う岸に尊の船はつくことができた。そこで時の人はこの海を走水の海といったというのである。

内容の違い

弟橘の入水記事についても、『記・紀』の内容はくい違っている。第一に、『書紀』には、日本武尊が「これは小さい海だ」と高言することが述べてあり、それが海の神の怒りを買った伏線になっているが、『古事記』の方にはその話は全然ない。そればかりか、入水する弟橘比売は、『古事記』では「后」とするのに『書紀』は「妾」と書いている。

第二に、その入水の事情も異なっている。『古事記』は、皮畳・菅畳・絹畳を敷いて入水し、歌を歌ったとするが、畳の話も歌のことも『書紀』にはない。そして時の人がそれによって「走水の海」といったという『書紀』の地名起源説話化の筆法は『古事記』にはなく、その代りに『古事記』には、七日の後に弟橘比売の櫛が流れついたという後日談が載っている。

穂積氏の女

一口にいって、『古事記』の方がより呪術的な説話になっている。映画「日本誕生」では弟橘比売を伊勢神宮の巫女としてとりあげ、たくみな劇的構成をとって成功しているが、それはおそらく『書紀』が、弟橘比売の系譜として「穂積氏忍山(ほずみのうじおしやまの)宿禰(すくね)の女(むすめ)なり」としていることをよりどころにしたものであろう。しかしこの系譜がどこまで信用できるかは疑問である。『延喜式』の「神名帳」には伊勢国鈴鹿郡に忍山神社のあることを記し、また『成務天皇記』には、穂積臣の祖先として建忍山垂根(たけおしやまたりね)の女に弟財郎女(おとたからいらつめ)のあることを記している。あるいは『書紀』の編者はそれらを念頭に入れて挿入したのかも知れない。

海の神の妻

入水にあたって皮の畳や絹の畳を敷いたとするのは、『神代記』に、海の神が火(ほ)遠理命(おりのみこと)を迎えるのに、やはり皮の畳と絹の畳を八枚敷いたという話があり、海の神に関係する乗り物としてそれが呪術的な性格をもっていたことがわかる。少名(すくな)

彦名の羅摩船の類が変化したものであろう。また畳を敷くということは、神武天皇が伊須気余理比売と婚姻した時の歌に畳に関する妻まぎの

葦原の　しけしき小屋　　葦原の中にこっそりこもっている小さな家、
菅畳　いやさやしきて　　そこにスゲであんだ畳をさやさやと敷いて、
我が二人寝し　（記一九）　　妻とあたしと二人でねたのだ。

という恋歌があるように、海の神の妻となることと関係があるだろう。「さねさし　相模の小野」の歌も、本来独立の野焼きにおいて歌われたものが、焼津における向火の話に関係づけて挿入されたもののようである。

ともかく、『書紀』よりも『古事記』の文学精神が、恋物語としても生々としており、古い側面を物語っていることは事実である。

ついで日本武尊は、どのような東征の経路をとったか。ここらで『記・紀』における日本武尊の東征のコースは、はっきりと分れる。『古事記』は、山河の荒ぶ

る神をことむけて、足柄の坂（駿河と相模の堺）に到る。しかるに『書紀』は上総より陸奥国に尊は入るため、海路をとって葦浦から玉浦（千葉県九十九里浜）へと歩を進める。『古事記』には陸奥に入ったという話は、まったくみえない。

『古事記』によると、尊は足柄坂より甲斐（山梨県）を経て、尾張に帰還するが、『書紀』は、陸奥の蝦夷の国境までゆき、日高見国（宮城県桃生郡に日高見神社あり―『三代実録』）より常陸をへて甲斐に帰る。そして碓日の坂（上野と信濃の堺）から信濃（長野県）へ、信濃の坂より尾張へと帰還するのである。

東征の範囲

このように東征のコースが、『書紀』の方は関東北部より東北地方までにわたっているのに、『古事記』は、関東南部を中心舞台として東征の終わりを告げる。それのみでなく、その間の説話内容にも、大きな相違がある。その主なものをあげてみよう。

足柄の坂の神

『古事記』の方から述べると、日本武尊が山河の悪い神々を平定して、帰還の途についた時に、こういう話があった。足柄の坂の麓に到着した尊が、食事をしていると、その坂の神が白い鹿になって尊に向ってきた。そこで、尊は食事の残りの蒜(ひる)の片端(かたはし)で、その白い鹿を打った。すると蒜のはし切れが、白い鹿の眼にあたって死んだ。そしてその後に、足柄の坂に登った尊は、たいへんに歎き悲しみ、弟橘比売を偲(しの)んで、「吾妻はや(わたしの妻はなあ)」と痛切な詠歎の言葉を残したという。それからこの地方の国を吾妻(あづま)ということになったと記す。

あごひげのある男の埴輪

更に『古事記』によると尊は帰還の旅を急ぐ。甲斐国の酒折宮（山梨県甲府市酒折町）にいた時のことである。そこで歌った歌に

新治の筑波の歌

新治（にいばり）　筑波（つくば）を過ぎて　新治の筑波の村を過ぎてから
幾夜（いくよ）か寝（ね）つる　（記二五）　何日たったろうか。

というのがある。この尊の歌につぎ足して、ともし火を焚く老人が

日日（かが）なべて　夜には九夜（ここのよ）　日を重ねて、夜は九夜、
日には十日（とおか）を　（記二六）　昼は十日もたちましたよ。

と歌った。そこで、尊はこの老人をほめたたえて、東（あづま）の国の国造にしたというのである。

海路から陸奥へ

こうした『古事記』の説話の展開ぶりに対して『書紀』の方はどう記すか。日本武尊は上総国から更に転じて陸奥国に入った。その時に大きな鏡を尊の船にかけて、海路から葦浦に廻り、玉浦を渡って蝦夷の境にまで到着した。そこで

蝦夷の首長・島の神や土着の神々は、竹水門（たけのみなと）（塩釜湾内か）において、尊の討伐軍を迎え討とうとした。しかし遙かに尊の船が近づくのをみて、その勢いの強大であるのにおじけづいて、心中けっしてこの軍勢には勝てないことを知り、ことごとくその弓矢を捨てて服属した。その節、蝦夷の首長らは「尊の姿をみると、人間よりはずっと秀（すぐ）れておいでになる。もしかすると神ではないかとさえ思われます。お名前をお聞かせ下さい。」と申した。そこで尊は「自分は現人神（あらひとがみ）の子である。」と答えた。ここにおいて、蝦夷らは恐れかしこまって、下衣をかかげ、浪をかきわけて、尊の船の側にまでゆき、着岸に協力したという。こうして日本武尊は蝦夷の罪を許した。

日本武尊はこのように蝦夷がすっかり平定できたので、日高見国（ひだかみのくに）から、常陸を経、更に甲斐の酒折宮に帰ってきた。ある日の夜、尊は側近の者に歌をもって、「新治（にいばり）　筑波を過ぎて　幾夜か寝つる」と問うたけれども、側にいた人々は答えることができなかった。するとひともしの人が、尊の歌に続けて「日々(かが)なべて夜には九夜(ここのよ)、日には十日を」と歌いあげたので、尊はこの人の賢明であることをほめて褒美を授けた。そして酒折宮において、靫部(ゆきべ)という軍事団を大伴連武日に与えた。

尊の転戦

ここにおいて尊がいうのに、「蝦夷の悪い人々の首長は、すっかり服属させた。けれども信濃国(長野県)や越(こし)の国(北陸地方)は、まだことむけを終えてはいない」と。そこで甲斐より北の国である武蔵(東京都埼玉県)・上野(群馬県)を転戦して、西の方にある碓日の坂に到った。そこで、東南の方を遙かに望んで「吾が妻はなあ」と三度歎きの言葉をもらした。このことによって山東の諸国を東(あづま)の国というのである。

吉備武彦の派遣

そこから征討のコースを二つに分けた。越の国の方へは吉備武彦を派遣し、自分は信濃へ向って出発した。この国は山が険(けわ)しく、谷が深くて、馬もなかなか思うようには進まないところである。しかしそれでも尊の軍は進んでいった。大きな山を越えて峯に到着した時、たいへんに疲労して、山の中で食事をすることになった。その時、山の神は尊を苦しめようとして、白い鹿となって尊の前に現われた。尊は不可思議に思って、食事の蒜の一つで白い鹿を打った。その蒜は飛んで鹿の眼に適中した。山の神のたたりは恐しい。そのために、山の中より出る道がわからなくなってしまった。折よく白い狗が、自らやってきて、尊を先導して美濃にでることができた。先に越の地方に派遣した吉備武彦も帰ってきて、美濃で日本武尊は吉備武彦とも一緒になることができた。これから後、信濃の坂を越える者は、神の気によって、病になるものが多いという。しかし、蒜をかんで人や牛馬に塗る時には、神のたたりにあたらないということである。

『記・紀』の物語は、だいたいこの通りである。賢明な読者は、もう気づかれているに違いない。『記・紀』の話はよく似ているが、かなり違っているではないかと。ほんとうに違っているのである。

吾妻はやの場所

第一に、尊が「吾妻はや」をいう場所が違う。すなわち『古事記』では、足柄の坂であるのに、『書紀』の方は碓日の坂としている。白い鹿となる山の神のたたりも、『古事記』では足柄の坂での出来事とするのに、『書紀』は信濃の坂としている。第二に、『古事記』は、尊が陸奥・常陸や上野に廻ったことを記さないのに、『書紀』は関東東北部・東北南部に進入したことを記し、大伴武日や吉備武彦の独自の話を挿入している。したがって有名な連歌のはじまりとされる「新治筑波」の歌のでてくる順序も違う。「吾妻はや」の嘆きは『古事記』では歌の前にあるのに、『書紀』では後のことがらに属しているのだ。

坂東と山東

またまたここで、わたくしはこうした叙述の違いを推理しなくてはならない。第一の点から考えよう。『古事記』の記す足柄の坂というのは駿河国と相模国との堺にある。そして後の律令制度の上では、東海道以東つまり坂東というのは、この坂の東とされていた。『公式令集解(くしきりょうしゅうげ)』が「凡そ朝集使東海道坂東 いうところは駿河と相模の堺なり」とするのがそれである。これに対して『書紀』の記す碓日の坂は、信濃と上野の堺にある。そして律令制度においては、それ以東が、東山道の山東とよばれていた。『公式令集解』に「東山道山東　いうこころは信濃と上野の堺なり」と記している通りである。つまり『古事記』が征討の中心を「東方十二道の荒ぶる神」として関東南半部までをその活躍舞台として叙述するのと、東海道の坂東堺―足柄の坂を「吾妻はや」の場とすることとは関連があり、また『書紀』が陸奥を含む蝦夷を征討の対象として、東北南部・関東北部をふくんで記載することと、東山道の山東堺―碓日の坂で、尊の嘆きを三度も述べることとは、ともに関係がある。

東の国の範囲

大化前代の東（あづま）の国の内容としては、狭い意味では、伊勢・尾張・美濃地方などをさす場合もあり、広い意味では坂東を東の国とよぶ場合もあったが、いわゆる碓日の坂より東の山東と、足柄の坂より東の坂東とでは、どちらが東の国にふさわしいかというならば、もちろん後の足柄の坂の方である。なぜなら『常陸国風土記』がいみじくも記すように「いにしえは、相模の足柄の坂より東の諸国を総称して我姫国（あづまのくに）」といったと述べていることからも、そしてまた上野地方が、中央勢力に服属するのは、早くとも六世紀以後のことであり（『仁徳天皇紀』や『舒明天皇紀』にみえる上毛野氏の家伝も参照されるが、『安閑天皇紀』の上毛野君の中央への服属伝承の方がより真実性がある）、関東南半部より上野地方は、長く独自性を維持していたからである。いわんや陸奥地方が具体的に問題化してくるのは、大化改新以後のことであって、それ以前は疑わしい。

我姫国

してみると、『古事記』が、足柄の坂で「吾妻はや」を語らせ、関東南半部を主要舞台とする伝承の方が、『書紀』よりも原日本武尊説話の古いものに近いことは、もはや明白である。

関東南半部の服属

それなら、関東南半部が、具体的に中央勢力との従属関係をもったのがいつかということになる。五世紀後半に入ってこの地方に皇室直属部民が設定されたこと、そしてその伝承が信頼性をもつものであることは、井上光貞氏によって明らかにされている(『大化改新』)。藤原部(『允恭天皇紀』)、孔王部(あなおべ)(『雄略天皇紀』)、春日部(かすがべ)(『安閑天皇紀』)、檜前舎人部(ひのくまのとねりべ)(『宣化天皇紀』)の設定などをめぐる文献伝承がそれだ。

崇峻朝の派遣記事

ここで『崇峻天皇紀』に興味ある記事があったことを思いだす。それは崇峻天皇の二年に、近江臣満(おおみのおみみつ)という人を東山道にやって蝦夷の国境を見させ、宍人鴈(ししひとのかり)を東海道に遣わして東方の浜海の情況を調べさせ、更に阿倍臣を北陸道に派遣して国境を視察させたという話である。この説話は六世紀前半の頃の実情を記したものであり、これを反映して『崇神天皇紀』の四道将軍派遣説話がつくられたものであることが最近の研究で明らかになっている(井上光貞『万葉集大成』五、坂本太郎『蝦夷』)。そうすると、蝦夷の国境が東山道とされるこの『崇峻天皇紀』の記事は、上野地方がまだ六世紀の前半では、中央の経営下に入っていないことになる。

述作の態度

つまり『古事記』が、関東南半部に尊の征討の場を設定する述作のあり方は、五世紀頃の中央勢力の当該地方における経営を背景としており、『書紀』が、陸奥・上野をふくむ尊の平定を主題とする述作の態度には、六世紀より七世紀にかけて、中央勢力が当該地方に進出していったのを背景としてできあがっていることがわかる。やはり『古事記』の方が古い日本武尊説話に近く、『書紀』の方はこれに遠いのである。

そのことは『書紀』が、蝦夷の首長に対して尊が「吾れは現人神の子なり」と答えている内容からも窺える。神権的な天皇制の観念が征討の際に、強く打ち出

蝦夷人物図

正徳2年の奥書きのある図巻，蝦夷人物図としては古いものである。
(東京大学人類学教室所蔵)

されているわけだ。あたかも、熊襲のことむけに際して、熊襲の首長が、尊に対し「賤しきやつこ」と屈辱的な言葉で応答した『書紀』の筆法と似通っている。天

現つ神の思想

皇を現（あき）つ神とする思想が、はっきり記録の上でみえる代表例は、孝徳天皇が、改新の際の詔の中で、「現つ神とあめのしたしろしめす」天皇と自称するものなどに顕著であるが、『書紀』の「現人神の子なり」とする尊の表現などは、そうした新らしさによるものであることを有力に物語るものに他ならない。

道祖神の信仰

坂の神が白い鹿となって尊にたたる話は、いわゆる道祖神の信仰と関係のあるものであるが、その坂が、『古事記』では足柄の坂となり、『書紀』では、信濃の坂となっているのも、こうした民間信仰を場としながら、述作の時期が、蝦夷との境が相模より上野へ移動する時の推移を反映したものといえるだろう。

吉備武彦の随行

それなら『書紀』が『古事記』にない吉備武彦の随行や（『古事記』には御鉏友耳建がみえるが、『書紀』のような越派遣はない）、参謀的役割を記したり、その越への派遣

を記しているのは、どのような事情によるものであろうか。吉備氏は前にも述べたように、日本武尊の母方の系譜と密接な関係にあるが、古代前期の地方豪族として、山陽の雄者であった。最近わたくしは、吉備地方を訪れる機会があったが、吉備武彦は、吉備国の一の宮吉備津神社の相殿（あいどの）の神として祭られている（『吉備津神社記』）。そして吉備平野の一角に横たわる吉備中山の南頂上には、大吉備津彦命の墓と伝える古墳があり、吉備平野一帯を見下す地所に葬られている。そしてこの古墳を吉備津神社（和魂と称する）と吉備津彦神社（荒魂と称する）との両方より祭祀するという形態をとっている。いかにこの氏が強大であったかは、その山頂の古墳や附近の作山古墳、更に吉備津神社の壮大さをみただけでもわかる。

下道臣と笠臣

『日本書紀』には、天武天皇の十三年（六八五）新姓である朝臣（あそみ）を下道臣（しもつみちのおみ）・笠臣（かさのおみ）に与える記事がみえ、またその八年（六八〇）には、吉備に大宰（おおみこともち）を置くことがみえている。天武朝において、吉備が重視されたことは、ここに明らかである。ところが、この下道臣ならびに笠臣がどのような系譜伝承をもつかといえば、下道臣は「吉備武彦の後」とし(『新撰姓氏録』左京皇別)、笠臣もまた「吉備建彦命」の後裔としている(『同上』右京皇別)。

これによってみれば、吉備武彦の名は吉備氏の家伝にあったものであり、それが七世紀の段階で、吉備の宮廷における勢力関係を投影して、『書紀』述作者の手で加えられたものであることが推定できる。これには備中語部の宮廷儀礼への参加もひとつの要因として考えられよう。越の経営には六〜七世紀にあっては阿倍氏が多く携わっているのに、ここにも吉備氏が加わったのは、吉備氏の軍事伝承(この地方にも建部のあることが注意される)の宮廷における重視の度合が、けっして軽くないことを示すのである。最近、同じ鋳型でつくった鏡(同范鏡)である三角縁神獣鏡の分布が、関東に達しているものはまた吉備に多いことが注意されているが、こうした同范鏡の分布も吉備氏の家伝が、けっして無から生じたものでないことを示唆する(小林行雄『古墳の話』)。ただし、そのことが『書紀』の記載そのものを史実として信用しうる根拠とはなりえないであろう。

風土記の地名説話

しかし、一部の読者は『常陸国風土記』に日本武尊の巡幸伝説があるのを想いだして、以上の説明とどう関係するのかと疑問に思われるだろう。それにはやはりそれなりの理由が潜んでいる。最後にその事情をかえりみておこう。

『常陸国風土記』には、播磨・豊後・肥前の各風土記と同様に(『出雲国風土記』には天皇関係の巡幸伝説はなく、神々の遊幸として地名説話が記載されている)、天皇・皇子・皇女にちなんだ地名説話が多い。中でも、日本武尊関係のものは、倭武天皇として語るもの一六ヵ所、倭武命一ヵ所、橘比売命一ヵ所と十八にのぼる。巡幸をめぐる地名説話関係全体の中で、日本武尊関係のものは、実に四一％を上廻る。だからこの記載についてこれまでにも多くの学者が注目してきたのである。

倭武天皇

ある人は、倭武天皇すなわち日本武尊が、実際に常陸で活躍したことにもとづいて、天皇の称号がつけられ、地名説話として定着したと考える。他のある人は、中央からきた役人の権威主義にもとづいて、常陸の人々がよく知らないで過度の尊称を用い、この尊に地方の伝承を附会していったのであるという。そして更に他のある人は、『常陸国風土記』の編者である官人が、その知識としてもっていた『宋書』夷蛮伝にみえる倭王武（雄略天皇）の解釈と適用によって、「倭武天皇」と称したのであり、中央においても「倭王武」との関係においてとくに弟橘比売を「其の后」といい、また尊の死を「崩」と記したのである（『古事記』）ともいう。そのことは『書紀』の場合、この人物に「命」ではなくて「尊」の字をあてるのにも窺われるとする。

地名説話の内容

このように中央との関係でみるもの、地方伝承じたいにあったとするもの、外国史書との関係からみるものなどと、いろいろの見解にわかれている。けれども実際はどの説が正しいのであろうか。わたくしは、なによりもまず説話内容から説きあかすべきだと考える。説話の内容を類別すると、井に関係あるもの三、御(み)

膳に関するもの三、臨幸を主とするもの八、遊猟・遊漁関係のもの三、征討関係のもの一となる。

ここではっきりいえることは、土着勢力の征討記事は僅かに一ヵ所であることだ。そして『記・紀』の語る内容と異なり『常陸国風土記』のそれはまったく独自のものを素材としていることである(『風土記』の当芸里と『景行天皇記』のそれとは全然別の土地である)。そしてそれらは、「新たに清井を掘らしめしに、出泉浄く香しく、飲みくろうにいと好かりしかば勅したまいしく〝よくたまれる水かな〟とのりたまいき。是によりて里の名を今、田余という」という例にもみられるように、農耕生活と関係のあるものや、倭武天皇に「御膳をすすめまつる時」のものである。そして臨幸はたとえば「大橘比売命、倭より降りきて、此の地にあいたまいき。故、安布賀の邑という」とあるように、降る姫尊として描かれている。

このことは、『常陸国風土記』の編者が中央より派遣された役人であり、かれらが、地方の農耕生活にねざした伝承や、中央に対する御贄貢上の寿詞を媒介として、倭武天皇に加托したものであることを示す。そして『宋書』にみえる「渡りて海北を平ぐ」式の表現を加えて「海北を征平(ことむけ)たまいき」(行方郡)と潤色したものであることを物語る。たんに中央よりきた役人の机上プランでもなければ、また地方伝承そのものでもないのである。

忌籠りと神人

というのは、そしてそれはひとり官人の潤色(じゅんしょく)にとどまらず、民間信仰にもとづく神事の由来を歴史化しようとする時、こうした神人(じんにん)の具体的人物として日本武尊に結合してゆく場合が多いからである。新穀の収穫を終って、歳神(としがみ)を忌籠(いみごも)りの後に迎える民間信仰は、かなりひろくみられるものであるが、そのよりくる神の信仰が変化・発展してくると、歴史的な理由づけを欲求するようになる。全国各地に分布する弘法大師の遊行伝説などもその一例であるが、それが日本武尊に結びつく場合も多い（姉崎・島穴両社の『縁起』）。だからこそ、奥羽地方にまで日本武尊親征のことにちなんだ社が数多く存在しうるのである（都々古別・駒形・森吉等の各神社の「社伝」）。

このようにみてくると『常陸国風土記』の日本武尊巡幸伝説は、史実として価値があるのではなく、むしろ民間信仰や御贄貢上にともなう寿詞などが原型にあり、そのことに価値があることになる。尊の東征が関東北部におよんだとする内容が、原日本武尊伝説にあったとする証明には、直接に『常陸国風土記』を利用しえない性格のものであることが判明する。一部の人は、倭武天皇という敬称が、常陸で実際に活躍した尊なるが故に付されているとし、こうした例はほかにはないといわれるけれども、事実はそうではない。なぜなら、〃ひつぎのみこ〃としての皇子が『風土記』において天皇といわれた例は他にもあるからである。たとえば『播磨国風土記』には、菟道稚郎子（うじのわきいらつこ）のことを「宇治の天皇」とよぶ例があり（揖保郡）、また『住吉神社神代記』にも、日本武尊を「父天皇（かぞのすめらみこと）」とよんだ例がある。むしろそれは、風土記編者が中央伝承の関係でとくに意識してよんだものであると解する方が適当であろう。

また『常陸国風土記』にみえる日本武尊の説話が史実であるとする立場にたつ人は、同様に、奥羽地方に数多く分布する日本武尊関係神社の社伝をも、そのままに史実として是認しなければならなくなるだろう。しかし、それは大化前代に奥羽まで尊がいったとすることは、前にもいったように史実として不可能であるばかりでなく、その所伝をつくりだす史的背景をも欠いている。

やはりそれは、尊とは別個に、農耕生活の中で伝承された語りごとが、後に歴史化の必要がおこり、またその編者が中央より派遣された官人でもあることによって、その両面から「倭武天皇」に結合していったとみなければならない。

井戸掘り伝説

井戸を掘ることは、農耕上不可欠のことであり、集落のなりたちに大切なことであったが、それがよりくる神の霊能によって決定されるとする信仰が、やがて神の具体的適用を必要化してきて、日本武尊や弘法大師などに結びつくのである。弘法水や大師井戸がひろく分布するのも偶然ではない。

弘法水と大師井戸

しかも常陸の場合、これが日本武尊の地名説話化する一因として、この地方にも建部があったことが考えられるだろう（行方郡麻生里）。

このことは、信濃地方にも建部が存在しており（『続日本紀』）、信濃の坂のことを内容にはくい違いがあるにも拘らず、『記・紀』両書がとり上げていることにおいても考慮すべきである。

第五　白鳥の昇天

一　伊吹の妖気

信濃から尾張へと尊の帰還は続けられる。説話に登場する日本武尊のこころになって想えば、倭(やまと)を偲(しの)ぶ心はますますつのるのである。しかし尊の前途は依然として多難であった。まず『古事記』の説話を静かに読んでゆこう。

尾張に帰ってきた尊は、東征の際に約束していた尾張の美夜受比売(みやずひめ)のところに落ちついた。彼女の家で御馳走になったが、その時、美夜受比売は酒盃(さかづき)を捧げて尊にすすめた。けれども、比売の打掛(うちかけ)の裾に月の物がついていたので、尊は次のような歌をよんだ。その歌は

月立ちにけり

ひさかたの　天の香具山
とかまに　さ渡る鵠
ひわぼその　たわや腕を
まかんとは　吾はすれど
さ寝んとは　吾は思えど
汝がきせる　襲の裾に　月立ちにけり　（記二七）

仰ぎみる天の香具山、鋭い鎌のように横ぎるくぐい、そのように細くたわやむ腕を抱こうとわたしはするが、寝ようとわたしは思うが、あなたの着ている衣の裾に、月のさわり物が円くでているよ。こういう意味の歌である。そこで比売はその歌に答えて

美夜受比売の歌

高光る　日の御子
やすみしし　我が大君

あらたまの　年がきふれば
あらたまの　月はきへゆく
うべなうべな　君待ちがたに
我が着せる　襲の裾に　月立たなんよ　（記二八）

と歌いあげた。意味は、照り輝く日のような尊様よ、御威光のすぐれたわたしの大君様よ、新らしい年がきて過ぎてゆけば、新しい月もまたきて過ぎてゆきます。ほんとにまあ、あなたをお待ちいたしかねまして、わたしのきておりますす衣の裾に、月のものがでるのはあたりまえでしょうよということである。なんとも素朴な恋の歌である。

尾張のちぎり

このようにして結婚した尊は、その腰につけている草薙の剣を美夜受比売のところにおいて伊吹の山の神を言向するためにでかけた。以上が『古事記』の伝えるところである。

それでは『書紀』には、尾張における尊の行動をどのように述べているか。『書紀』の方のここらあたりはきわめて簡単である。ただ尾張に還ってきた尊は、尾張の宮簀媛(みやすひめ)をめとって、長く滞在し、月をこえてその地に留まったと記すのみである。前述の熱烈な恋の歌のやりとりはない。『書紀』の書き方よりすれば、伊勢からはじまる東征は、まず駿河より書きだされる。したがって、美夜受比売と結婚を約束した話もなければ、月のさわりに関する話もない。しかし両書に共通していることは、『書紀』が続けて、伊吹の山に荒ぶる神がいると聞いて、劒を比売の家にあずけて、伊吹の山に登っていったとする点である。後でも述べるように、伊吹の山の神のたたりにあう前提は、両書の伏線となって描かれている。倭比売から与えられた劒を置いていったために神のたたりにあったといわんばかりの叙述になっており、原日本武尊説話に加えられた伊勢神威譚の性格は、その限りにおいて両書に強いといわねばならぬ。『書紀』がわざわざ『景行天皇紀』五十一年の条に、「日本武尊の佩かせる草薙の劒は、是今、尾張国の年魚市郡の熱田の社にあり」と記しているのも、『書紀』編纂者の「今」において、劒の神縁が強く意識されていたことを示すものに他ならない。

縁起の伝承

『熱田大神縁起』によると、美夜受比売は稲種公の妹であり（『旧事本紀』は火明命の子孫である乎止与命が生んだのが稲種公とする。『新撰姓氏録』河内神別にみえる尾張連も火明命の後裔小豊命の系統としている）、歌詞は異なるが、美夜受比売との応答歌を記載する。あるいは尾張氏の伝承が介入して『古事記』の説話となったのかも知れぬ。しかしここで見逃すべきでないのは、『古事記』では日本武尊が美夜受比売と大御食をする時に、彼女が大御酒盃を捧げたとすることである。天皇が国見をし、

共寝の女性

巡幸する時、共寝をする女性のあったことは、飯豊青皇女の神秘にも示されているが（高崎正秀『文学以前』）、美夜受比売のすすめる御酒盃がたんなるねぎらいの酒ではなく、新嘗祭の神酒であると思われることだ。『雄略天皇記』には、三重の釆女が豊楽

巫女の埴輪

の際に大御盞（おおみさかずき）を天皇にささげ「新嘗屋」のことをよんだ宮廷寿歌（天語歌のひとつ）がみえているが、日本武尊の訪れた時が、新嘗祭の時であったと想定しうることは、この月水をめぐる一連の物語が、大御食・大御酒盃をめぐって展開する説話のモチーフより推して可能である。大嘗宮に寝所が設けられる、真床（まどこ）覆衾（おふすま）のなごりはいまも続いているが、よりくる神に共寝する女性が月水であったとする恋歌は、実はその前提として新嘗まつりの慣行を背景に変化したものといえそうである。その点で『古事記』が記す一連の説話は、そうした民間信仰にねざす宮廷とのつながり、あるいは宮廷儀礼との関係を背景に設定する時、よりよく理解されてくるのである。

伊吹の山の神

さて、伊吹に向った尊はどのような歩みを辿ったのか。次のくだりに眼を移そう。『古事記』は次のように記している。

日本武尊は「この山の神は、素手でとってみせる」といっていさんで山を登っていった。山を登ってゆく時に、山のほとりで白い猪にあった。その大きさは牛ぐらい大きいものであった。そこで尊は大きな声で「この白い猪になったものは神の従者であろう。いま殺さないでも、還る時に殺してやろう」といって、猪に眼もくれないで山の頂上へと向った。すると山の神はいきどおって、大きな氷雨をさかんに降らして尊をうち惑わせた。実はこの白い猪は、神の従者ではなく、伊吹の山の神そのものであったのだ。尊の高言に怒った神が尊を惑わせたのである。かくてほとほとに疲れた尊は、山を下ることになるのである。玉倉部の清水（滋賀県坂田郡醒ケ井に伝説地あり）にやっと到着して、体をやすめた。そこで休息している時に、漸く気持が落ちついてきた。そこでその清水のことを居寝の清水というのである。
『古事記』はこのように述べている。『書紀』の方はどうか。

荒ぶる神の正体

尊は伊吹山を登っていった。ところが、山の神が大蛇になって道をさえぎった。しかるに、尊は、この大蛇が本当の山の神であることに気づかなかった。そして「この大蛇は、きっと荒ぶる神の使いのものであろう。すっかり荒ぶる神を殺しえたならば、こんな使者を殺すまでもないだろう」と尊はいい放った。それから更に蛇をまたいで、山の頂へと進んでいった。そこで山の神は、雲をおこして氷雨を降らし、尊の路を霧でつつんだ。尊は行くべき路がわからなくなる。けれども、霧の中をしいて進んでいった。そしてやっと路にでることができた。しかし、山の神の妖気にあてられた尊は、あたかも酔っているような気持で、こころが安らかでない。山の下の泉の湧きでているところに漸く辿りついて、その清水を飲んで妖気からやっと醒めることができた。そこでその泉を居醒の泉というのである。尊はこのために病の身となったのである。

猪と蛇

このように記述している。ともに伊吹の山の神のたたりを述べることには、かわりはない。がしかし、詳細に読みくらべてみると、少なくとも次の二点が違っている。ひとつは、山の神が白い猪として現われる『古事記』に対して、『書紀』はこれを大蛇とする点であり、他のひとつは『古事記』が「素手でも山の神をとってみせる」と日本武尊のいい放った言葉を記すのに、『書紀』の方ではそのことを記さない点である。

山岳信仰

伊吹山頂には今日も尊の像がたてられており、伊吹山伝説としてこの話はかなり有名なものである。この話の根底に、伊吹山をめぐる山岳信仰が介在していたことは、「此の山は即ち七高山の其の一なり」（『三代実録』）と古くから著名であったし、美濃と近江の堺の山として信仰されたことは、近江と美濃にこの神の神社があるのでもわかる（近江国坂田郡伊夫伎神社、美濃国不破郡伊富伎神社—『神名帳』）。坂田郡のそれは気吹気雄命（夷服岳神とも号す）を祭り（『帝王編年記』）、文徳天皇の時に従五位下の神階が贈られている（『文徳実録』）。そして元慶元年（八七七）には従三位にあげられている（『三代実録』）。また不破郡のそれは、伊夫伎神社と同神を祭り、仁寿二年（八五二）に官社となり（『文徳実録』）、元慶元年（八七七）には従四位上を贈られている。山岳信仰のたかまりの中で、神階も向上する。おそらく、日本武尊説話にみえる伊吹山伝説の原型は、古くからの山岳信仰をめぐる伝承がその根底にあったろう。

田の神の神格

ところで、『古事記』が山の神の化身を猪とするのと、『書紀』が蛇とするのは、いったい何を物語っているのか。山の神を猪とする話は、大国主命の伯耆国（鳥取県）の手間山の神話などにもある。また蛇が水の神であって、農耕と関係があり、田の神が収穫の後に山の神となる民間信仰もかなり濃厚にみられるものである。須佐之男命の八俣の大蛇退治の神話も農耕神事とのつながりが深い。

猪を大年神に献ずることは『古語拾遺』にもみえているが、これもまた田の神の信仰と結びつけて考えられたらしいことは猪聟入の昔話からも想像がつく。してみるとこの神の化身はともに、農耕生活と関係のある性格をになうものであることがわかる。説話としていずれが古いか、これだけではなんともいえないが、やはりこうした地方の信仰形態が、語部などを介して宮廷の旧辞にとりいれられていったコースがあったのであろう。尊の終焉が、山の神（実は田の神でもある）のたたりではじまるところにも、地方信仰の根深さが示されている。『古事記』が素手でとってみせようということをあげを尊にさせて、その対照をきわだたせているのは、その点から考えてみる方がよさそうである。

地方信仰の根深さ

更に美濃にも、近江にも建部集団が存在することも、その堺にある伊吹山の説話が、日本武尊に関連してくみ入れられてゆく一因をはたしたであろうと思われるのである。

病の身となった尊の歩みは、伊勢路をとって続けられてゆく。その後の説話の展開を尊の歩みを追ってみてゆこう。

尊のなげき

尾張を出発した尊は、岐阜県養老郡の当芸（たぎ）の野原に到着した。その時尊がいうのには「わたしのこころは、いつも空をとんでゆく。空中を飛んでゆこうと思うけれども、いまは歩くこともできなくなって、足がぎくぎくする」。このように日本武尊はなげくのである。そこでその土地を当芸という。当芸からそれでもやはり少しずつ歩いていったが、尊は非常に疲れていたので、杖をつきながらゆっくりと歩いていった。そこでその通った坂を杖をつきながら越えたということにちなんで、杖つき坂というのである。

それから更に尊の歩みは続行される。尾津の前（さき）（三重県桑名郡）の一本松のところへやっとのことで辿りついた。ところが、ここには前に食事をした時に置き忘れた刀が、依然として無くならないで置かれていた。そこで日本武尊が歌った歌は

一つ松の歌

尾張に　直（ただ）に向（む）かえる

尾津の崎なる　一つ松　あせを
一つ松　人にありせば
太刀佩けましを　衣着せましを　一つ松　あせを　（記二九）

というものである。歌の意味は、尾張の国にまっすぐに向いている一本松よ、一本松が人であったら、大刀を腰につけようものを、着物を着せようものを、一松本よ、ということである。「あせを」というのは、歌の歌われる場所にいる人に対しての呼びかけの言葉であり、一種のはやし詞である。尾津の崎から更に出発して、尊は三重の村に向った。三重の村についた時に「わたしの足は、三重にまがった餅のようになって、たいへん疲れた」と尊はいった。そこでその土地を三重というのである。

三重の里

以上が『古事記』の記す尾張より三重までの帰還の事情である。これに対して『書紀』には次のように書かれている。

日本武尊は伊吹の山から尾張に帰ってきた。しかし宮簀媛の家には入らないで、更に伊勢に向った。そうして三重地方の尾津に到着した。前に尊が東征にいでたった時に、尾津の浜辺で食事をしたことがあった。その際、剣をぬいて松の下に置き忘れて出発した。それなのに尊が尾津の浜辺にいってみると、剣はやっぱり前に置いておいたところにあった。そこで歌を歌った。その歌は(紀二七)『古事記』の歌と同じである。ただ『古事記』にある歌には「あせを」とあるのが、『書紀』には「あわれ」となっているにすぎない。「あわれ」も一種のはやし詞であり、『古事記』の歌が「大刀佩けましを　衣着せましを」とあるのに、『書紀』の歌が「衣着せましを　大刀佩けましを」と逆になっているだけである。

地名起源説話

このようになっている。してみると、この箇所では『書紀』にない当芸や杖つき坂の地名起源説話を『古事記』が採用している点がもっとも大きな違いということになる。『常陸国風土記』の場合に、地名起源説話が、日本武尊に加托されるのが非常に多いことを指摘しておいたが、こうした起源説話が、本来の原日本武尊説話にあったとは思われない。むしろ『古事記』の作者が、地方伝承にもとづいてこれに結合していった部分であろう。

しかも「尾張に　直に向かえる　一つ松」の歌は、もともと木ぼめの歌であって、伊勢地方の民謡であったと思われ、大嘗会の主基・悠紀の行事などを通じて、中央にも伝えられるようになり、『記・紀』の編纂者の認識にもとづいて、地方伝承をふくみこみながら、日本武尊の説話内容に構成されていったものと推定される。

『書紀』には、伊吹山から下りた尊は美夜受比売の家に立ちよらなかったとはっきり記しているが、神のたたりにあった尊の悲劇は、そのことによってますます加えられている。神のことむけに破れた日本武尊の神聖性が破れる。尊の破局が、山の神のたたりによってはじまるという心意に、〝ひつぎのみこ〟といえども、神の呪的霊能に破れるとする宮廷貴族の思想の限界が表明されている。神権的な天皇の権威が、呪術宗教的なものを克服しえていないことが、はしなくもそこに窺えるのである。

と同時に、劒を置いて伊吹に登り、神のたたりによって劒を再びもちえない〝ひつぎのみこ〟としての尊が、伊勢路を辿って帰還することに、伊勢神威譚的性格がやはりつきまとっている。『書紀』に捕虜となった蝦夷を伊勢神宮に貢献する話が記録してあり、また『古事記』に日本武尊が死に際して、美夜受比売の許に置いた劒の歌(記三三)を歌って生涯をとじるのも、『記・紀』述作者の立場からすれば、けっして偶然ではないのである。

二　遍歴の終末

西は熊襲を討ち、東は蝦夷を平げるという、長くそしてあわただしい日本武尊の遍歴も、いよいよ終局を迎える。尊は尾津から三重県西北部の能煩野(のぼの)にでた。日本武尊の死が迫ってきている。『古事記』は尊の最後を次のように描きだす。能煩野に到着した尊は、そこで故郷である倭(やまと)の都を偲(しの)んで、たからかに歌いあげた。

その歌は四首。

(イ)倭(やまと)は　国のまほろば
　たたなづく　青垣
　山ごもれる　倭しうるわし　（記三〇）

(ロ)命(いのち)の　全(また)けん人は
　たたみごも　平群(へぐり)の山の
　熊がしが葉を　うずにさせ　その子　（記三一）

(ハ)はしけやし　我家(わぎへ)の方(かた)よ　雲居(くもい)立(た)ち来(く)も　（記三二）

(ニ)嬢女(おとめ)の　床(とこ)の辺(べ)に

帰らぬ人

我が置きし　つるぎの太刀（たち）　その太刀はや（記三三）

このように歌い終って、日本武尊は遂に帰らぬ人となるのである。その望郷と限りなき尊の悲しみは、この四首を尊の死にそえることによって、ますます読者を魅了し、尊の死が更に哀惜（あいせき）されるのである。『古事記』の文学精神はここに見事に結晶している。

『書紀』の方には、これらの歌は全然みえていない。ただ『古事記』にない吉備武彦の東国平定に関する景行天皇への奏言をはさんで、「既にして能褒野（のぼの）に崩ず」と記すのみである。文学としてどちらがまさっているかは、何人（なにびと）の目にも瞭然としている。しかも吉備武彦の奏言なるものも、皇威と神恩をたたえるのみである。

歌のひびき

この『古事記』の文学作品としての終章は、なぜ我々の胸にひびいてくるのか。もちろん、東奔西走していたずきの身となる尊のあわれが前提にはある。だがそれだけによるものだろうか。わたくしにはそうとは思えない。これらの歌をささえる人々のこころが、我々の胸を打つ大きな要因になっていることを見落せない。(イ)と(ロ)の歌の意味は次のとおりである。

(イ)の歌は、倭の国は国の中の国である。重なり合っている青い垣、山に囲まれている倭はなんと美しいことよ、という歌意であり、(ロ)の歌は、命の若い健康な人は、倭の国の平群の山のりっぱな樫の木の葉を、髪にさしなさい、若者たちよ、という意味である。前にも少し述べたように、『書紀』では(イ)、(ロ)はともに、景行天皇が宮崎県の児湯郡の野で、西征のみぎりによんだものとしている。したがって『書紀』の編者は、これを再び採用することをさけて落したのかも知れない。いずれの場合でも『記・紀』の作者たちが、景行天皇や日本武尊に仮託したことは明らかである。しかしこの歌の配置は、はるかに『古事記』の方がまさっている。

民間行事としての国見

ところでこの二つの歌の本質はなんであろう。それはこれまでの研究でも明らかになっているように、(イ)の歌は国ぼめの歌であり、国見の歌を源流とするものであった。国見の儀礼はとかく宮廷のものとのみ考えられやすいが、必ずしもそうではない。民間においても「山見」や「国見」の春の行事があり、正月の神事と関係するものがあった。『万葉集』にみえる「神代より　人のいいつぎ　国見する　筑波の山を」(三巻)というのや「雨間明けて　国見もせん　故郷の　花橘は」(十巻)などというのも、民間行事としての国見をさすものにほかならない。遠野地方の神楽歌にも国見のことが歌われているが(三谷栄一『実践女子大紀要』三)、こうした民間行事としての国見にともなう国ぼめ歌が、やがて宮廷に入って宮廷寿歌としての国見の歌となり、宮廷の儀礼に結合していったのである。

(ロ)の歌はどうか。国しぬび歌として『古事記』には注記されているが、本来これは歌垣の民謡であって、歌垣の場に参加している若者に「その子」としてよびかけられた歌であった。望郷歌というよりは、歌垣の集(つど)いでよまれたものであることは、その注記にもかかわらず歌詞が端的に物語っている。「命(いのち)の　全けん　人は」というくだりなどは、老いたる人の若者へのよびかけとしてはじめて生々としてくる。したがってこの歌も宮廷に入ることによって、あるいは日本武尊説話に挿入され、あるいは聖徳太子の歌となって結びつけられてゆくのである（『聖徳太子伝暦』）。

農夫の埴輪

家ほめの歌

(八)の歌は、片歌（かたうた）と『古事記』には注記されている。これは5・7・7の片方だけの歌ということだが、歌の意味は、なつかしい我が家の方から雲が立ち昇ってくることよ、ということで、一種の家ほめの歌である。「はしきよし」が「我が家」のほめ言葉になっている。家ほめが室寿の寿歌の系列にあったことはいうまでもないが、本来これも民間の室寿と関係がある。『書紀』の方ではやはり景行天皇の日向（宮崎県）での詠歌となっているが、そのことによってもその歌の作者が後に仮託されたものであることが判明する。

(二)の歌は、尾張の美夜受比売の床のあたりに、わたしの置いてきたよく切れる大刀、あの大刀はなあという歌意をもつものである。これは『書紀』の他の箇所にもみえないものであり、日本武尊の伊吹山入りの説話に関連して挿入されたものであると思われる。そしてそれは草薙劒をめぐる伊勢神威譚としての効果を一層文学的にする上で成功している点である。しかしひとたびこれを日本武尊の説話と切り離して考えてみる時はどうか。古代歌謡の中には、大刀に関するものがいくつかある。

大刀と恋

たとえば『古事記』の歌謡番号でいえば二の歌、『書紀』でいえば八九・一〇三の歌、『万葉集』の二九〇六・二九八四などの歌がそれである。『万葉集』の二九〇六の歌をあげよう。

ひとぐにに　よばひに行きて　大刀が緒も
いまだとかねば　さ夜ぞ明けにける

妻どいと大刀

よその国にいって、よばい（妻どい）にいったが、大刀の緒もまだとかないのに夜が明けてしまったという意味だ。『古事記』の有名な左の歌もまた妻どいのことに関して歌われたものである。それは大国主命（おおくにぬしのみこと）が、沼河比売をよばいせんとした時の歌である。

さよばひに　在りたたし　よばひに在り
通（かよ）はせ　大刀が緒も　いまだとかずて…………（記二）

これも同様に「大刀をとく」ということがよばいに関連して歌われている。つまり恋の歌で「大刀をとく」ことがよまれているのである。日本武尊の歌とする『古事記』のそれもこのようにみてくると「置きしつるぎ」とはよばいの時にといた大刀のことであり、本来恋歌として独立に存在したことを想定させるものがある。

民謡風な歌の心

まことに尊の詠とされる四首の歌のひびきのもつものは、それがもともと民謡であり、国ぼめや家ぼめの民間行事につながるものであって、そうした民衆的なほのぼのとした歌のこころが、一層われわれの胸に迫ってくるひとつの素材になっているのである。

『古事記』は、尊の死が駅使（はゆまづかい）をもって倭へ知らされたと記している。駅馬によって中央と地方の連絡が整備するのは、律令制度においてであったが、大化改新の詔にも駅馬のことがみえ、類似のものはそれ以前にもあったであろう。けれども急使のことを「駅使」と記すのは『古事記』をつくった人の知識によって書き変えられたものとみられる。

このようにして遂に本書の主人公である日本武尊はこの世を去った。尊の死は倭の人たちにどのような衝撃を与えたのであろうか。以下『記・紀』によってその事情をかいまみてみよう。『古事記』は次のように語る。

尊の死の報に接した尊の后や子供たちは伊勢にやってきて尊の墓をつくった。そして墓のまわりの田にはいめぐって、泣き悲しんだ。その時の歌は

(ホ)なづきの　田のいながらに
　いながらに　はひもとほろふ　ところ葛（記三四）

ところが能煩野の尊の墓（亀山市能褒野町あるいは鈴鹿市石薬師町の古墳に比定する説がある）から大きな白鳥が空に向って飛びあがった。白鳥は浜に向って飛んでいったから、その后や子供たちは、白鳥の後を泣く泣く追っていった。あたりの篠竹の刈りぐいに足が切り破れるけれども、それでも痛いのを忘れて追っていった。その時の歌は

(ヘ)浅小竹原　腰なづむ
　空はゆかず　足よ行くな（記三五）

また白鳥が海の方へ飛んでいったので、海水の中を骨をおりながら追った時の

歌

(ト)海が行けば　腰なづむ
大河原(おおかはら)の　殖草(うえぐさ)
海がは　いさよう　（記三六）

更に白鳥が飛びたって、磯辺に追っていった時の歌

(チ)浜つ千鳥　浜よは行かず　磯づたう　（記三七）

大御葬の歌

これらの歌は、すべてその葬儀の時に歌ったものである。それで現在でも天皇の葬儀にもこの歌を歌っているのだと、このように『古事記』は書いている。それから再び白鳥は飛びたって、河内の志幾(しき)（志紀郡志紀郷）に留まった。そこでそこにも墓をつくった。尊の霊魂はそこに鎮まることになった。しかしながら、またその地より白鳥は、更に空を飛んで、はるか彼方に飛び去っていった。

　まことに白鳥と化した尊のさすらいは、遍歴の物語の終末にふさわしい。この

ような『古事記』の叙述ぶりと、頗る対照的なのが『書紀』の話である。『書紀』の書きぶりはこうだ。

景行天皇の心情

尊の死を聞いた景行天皇は、夜も眠れず、食物もうまくない。昼夜むせび泣いた。その悲しみと驚きはたいへんなものであった。そして「自分の子の小碓尊は、昔、熊襲が叛いた時には、年少にして長い間たたかいの野にあった。そしていつもわたしを補助してくれた。けれども、蝦夷が謀反をおこしたので、尊の他に蝦夷を討つものがない。愛情をこえて、蝦夷の国境まで入らせたのである。一日も尊の安否を思わない日とてはなかった。そして日夜ひたすら尊の帰還するのを待ち望んでいた。しかるになんのわざわいであろうか。またなんの罪があったのであろうか。ゆくりなくも、自分の子が死のうとは！　これから後、いったいだれが、天皇の位をついで天の下を治めるであろう。」

このように天皇は非運の日本武尊を偲んで、伊勢の能褒野の墓を造営させたのである。その墓をつくった時に、白鳥が墓から飛びたった。そして倭（やまと）の国をさして飛んでいった。そこで群臣らが墓の棺を開いてのぞいてみると、尊の着物だけが残っていて、死骸はなくなっていた。不思議に思って使いの者に白鳥の飛んでいった後を追わせてみると、倭の琴弾（ことひき）の原（奈良県御所市）に白鳥が留まっていた。その白鳥はまた飛びたって、河内に向い、古市の村（大阪府羽曳野市）に留まった。そこでそこにも尊の墓をつくった。けれども白鳥は空高く、はるかなる天空をめざして飛びさったのである。時の人はこの三つの墓を名づけて白鳥の墓というのである。

『記・紀』における白鳥伝説はここでもまたこのように違っている。つまり『書紀』には、景行天皇の悲嘆の情を綿々と記すが、『古事記』は全然そうした気配さえ読みとれない。そればかりか、后や子供が白鳥の後を追って歌をよむという「歌物語」は『書紀』の方には、まったくみえない。更にまた白鳥の飛翔（ひしょう）するコースも異なっている。『古事記』は能煩野の墓より志幾の墓へと向い、倭の墓のことにはふれないが、『書紀』は能褒野→琴弾→古市の墓のことを述べているのだ。

『記・紀』は、尊のさすらいの軍旅についても大きな相違をもっていたことを、わたしどもに知らせてくれたが、遍歴の歩みは、尊の死後においても、こうしたひらきがある。このように『記・紀』の尊における記述態度のくい違いは、首尾一貫しているといわねばならぬ。尊をめぐる説話のなりたちの相違が、はしなくもここに表明されているのである。

『古事記』が大御葬（おおみはふり）の歌とする最後の四首から検討してゆこう。(ホ)の歌の意味は、まわりの田の稲の茎（くき）に、その稲の茎に、まといついているつる芋のつるですということで、つるが草木にまつわりついている状態を歌った一種の恋の民謡と思われる。次の(ヘ)の歌も同様である。歌の意味は、まばらに笹や薄（すすき）の生えている野原を行くと行き悩む。そのように悩みわずらうのです。空を飛んでゆきたいのに、空は行けずに足で歩いて行くのです。そのようにもどかしいのですという恋の通い路のもどかしさを歌ったものである。やはり恋の民謡の類であろう。ともに独立の譬喩（ひゆ）歌であったものが、『古事記』をつくった人々の手で尊の死に附会されたものであって、本来の日本武尊説話にあったものとは思われない。それは『古事記』の文学精神の所産になるものといってよいだろう。

(ト)の歌は、海の方から行くと行き悩む。河原の草のように、海や河をさまよい歩くのですという意味であって、これも(ヘ)の歌に類似している。(ヘ)にならってつくられたものであろう。(チ)の歌の心は、浜の千鳥よ、なぜ浜からは行かないで、磯を行くのかということで、ある種の独立の謎歌とみられるものである。

物語歌の本質

これらの歌のよってきたるところは、民謡風のものであり、それが尊の説話に結びついて物語歌と化したことが、歌それ自体にそくしてみる時は、次第にはっきりしてくる。そしてそれは宮廷儀礼の場にとり入れられ、変質して葬儀の歌になっていったのだ。

『書紀』の語る景行天皇の言葉は、きわめて後世風の潤色の強いものであるが、『古事記』が、完全に天皇のことにふれず、また白鳥が倭にたちよらないことにしているのと対照的である。「朝夕さまよひて還らん日をつまだちまつ」というのや、「今より以後だれとともにあまつひつぎをおさめんや」というなどの言葉は、尊の東征にあたって、天皇がこまごまと蝦夷に関する風俗を述べて注意し、兵士や賜物を与えてその出立を見送るという『書紀』の記述態度にかなうものである。〝ひつぎのみこ〟としての尊の権威をたかめようとする政治精神は、『書紀』において著しい。物語歌を挿入した『古事記』の叙述が、律令天皇制的な観念を反映していないのは、この話説の宮廷での定着が、それ以前であり、数ある〝ひつぎのみこ〟のひつぎ争いを背景とし、同時に後に国造とよばれる在地豪族の服属――建部の設定などをふくむ――を素材として誕生したものであることを物語っている。

ひつぎの争い

『記・紀』の伝えるところによると、応神天皇の死後、大山守皇子（おおやまもりのみこ）と大鷦鷯皇子（おおさざきのみこ）が争い、また仁徳天皇の死後に、住吉仲皇子（すみよしのなかつみこ）と去来穂別（いざほわけ）が葛藤を演じ、允恭天皇の死後にあたっては軽皇子（かるのみこ）と穴穂皇子（あなほのみこ）が対立し、眉輪王（まよわのみこ）と大長谷皇子（おおはつせのみこ）がたたかうなど、五世紀における〝ひつぎ〟をめぐる宮廷の抗争はかなりの数にのぼっている。おそらく〝ひつぎのみこ〟としての日本武尊の説話のなりたちは、これらを前提として、六世紀のはじめに宮廷旧辞の世界に定着し、更に七世紀より八世紀にかけての旧辞の撰録によって加上・発展したものであろう。

こうした『記・紀』のなりたちの時期の相違が、尊の死をめぐる記述の背反となって表面化しているのである。それならいわゆる白鳥と化する尊の昇天は、いったいなにを物語るのであろうか。人間の死後の霊魂が鳥と化して彼岸に行くという信仰は、日本の古代だけではなく、南洋やアフリカ・西北アメリカなどの神話や儀式にままみうけられるものである。有間皇子の死をいたんでよまれた『万葉集』の歌にも、「つばさなす　ありがよひつつみらめども　人こそ知らね　松は知るらん」（二巻）というのがあって、有間皇子の霊魂を鳥にたとえたものもある。『記・紀』神話にみられる天鳥船（あめのとりふね）なるものも、死後の霊魂が鳥となると信仰と、船によって彼岸に運ばれるという信仰が複合したものであろう。

日本神話に記す天若日子の葬儀にたくさんの鳥が参加するというのも（『記・紀』の神代巻）、こうした観念と関係がある。スマトラの未開民族においても、死者の霊魂が、鳥の形をして百日の間、家のまわりをうろつくと信じられているし、東南アジアのもっとも古い形式の古銅鼓にも鳥の装飾があり、鳥船信仰と関連があるようである（松本信広『日本の神話』）。

したがって尊が白鳥となって飛びさすらうとするのも（『住吉神代記』にも白鳥の所伝あり）、必ずしも尊特有の説話ではない。前にあげた(ホ)・(ヘ)・(ト)・(チ)の四つの歌が、「大御葬の歌」として宮廷儀礼歌になったのも、鳥が死後の霊魂と信じられ、天皇の霊魂が死後、

風土記の白鳥

鳥となって天がけるとする信仰によるものであろう。『風土記』の中にも、白鳥に関するいくつかの説話がのっている。たとえば『山城国風土記』の逸文の記す話がそれである。

それには、秦（はた）氏の先祖である伊呂具（いろぐ）という人が、稲穀をつんでとみ栄えていた。ある時餅を用いて弓の的としたところが、白い鳥になって飛びさった。そして山の峯に留まり、そこに稲がはえたと伝えられている。また『豊後国風土記』にも似たような話があって、国崎郡内の百姓が、田野にいて、たくさんの水田を開いた。そして食い余る稲は、稲穂のまま田の畝においておいた。そのように稲の収穫が多かったのである。非常にとみ栄えて、餅を弓の的にした。ところが餅は、白い鳥になって、南の方へ飛びさったと記されている。

餅と白鳥

この餅が白鳥となる話は、すでに早く柳田国男氏によっても注意されており、この二つの『風土記』の話は、白い鳥の奇瑞によって、餅を射る古い儀式が中止されたことを意味するのではないかと推定され（『一ツ目小僧その他』）、かつて餅をハマとして弓占をする職業があり、破魔弓の遊びと関係があるとされた。

これらの話は『豊後国風土記』の国名起源説話にもある。そこでは豊国直の祖先である菟名手という人が、仲津郡地方にいった時に、夜明けに白い鳥が北から飛んできた。菟名手が鳥の姿をみると、鳥はやがて餅となり、しばらくするとたくさんの里芋になったということが述べられている。これも白鳥が餅になる話である。こうした白鳥が、稲となったり餅となったりすると考える観念の根底には、白鳥を神の霊魂の現われとみて、田に来臨すると信じた民衆の信仰があったことによる。諸国の田植歌に白鷺のことが歌われ、また東京都の府中六所様の御田植祭に、傘桙の上に白鷺の形をつくりそえて田のほとりにたてたりする神事のあるのも、あながち偶然とはいえない。『常陸国風土記』の中にも、白鳥が天より飛んできて、乙女の姿となって灌漑の池をつくり、堤を築いた話が載っているが、

田植歌と白い鳥

これなども、農耕と白鳥のつながりを語るものであり、白鳥を神の化身とする信仰が反映されている。

このように、白鳥は霊魂の具象として信じられ、民衆の農耕生活とは深くつながっていた。尊が白鳥となってさすらうとする記述の中には、宮廷人の葬儀を媒介とする信仰と、その前提としての民間信仰との複合が宿されているのである。しかも、『古事記』が白鳥に倭（やまと）を素通りさせる形態をとっているところにも、ひつぎ争いに破れた尊たちを通路として、伝承荷担層の素材を重視し、そのことによって悲劇の終末を語ろうとする『古事記』作者の苦心が見出されるのである。

尊の追慕

いわゆる白鳥の陵（みささぎ）は、古市の場合には全長一九〇メートルばかりの前方後円墳が比定されているが、それは後期古墳であり、はたして実在する日本武尊を論証するものであり、それを確実な尊の墓としうるかは、はなはだおぼつかない。むしろ日本武尊説話の宮廷の『旧辞』における定着後に、尊を追慕して比定され、造営されたとする方が妥当であると考えたい。

白鳥の陵については後日譚がある。それは仁徳天皇の六十年の出来事とする説話である。白鳥の陵は空であるから、墓守(はかもり)の必要はないと仁徳天皇が考えて、他の力役に使うことにした。ところが墓守の目杵(めき)という人物が、いざ仕事にかかろうとすると、たちまちに死霊は白い鹿となって走り去った。そこで天皇は墓守を廃止するのを止めたというものである(『仁徳天皇紀』六十年の条)。ここにも尊の墓と考えられるものが神聖視されており、古墳は死後の霊魂の宿るところであるとする観念が示されている。そしてこの説話は、尊への追慕としての説話構想をもっている。

以上詳細に『記・紀』にくりひろげられる尊の遍歴の跡をたどってきたが、尊に対する挽歌(ばんか)をもって終わる『古事記』の〝たける〟説話の方がより原型に近く、五世紀を中心とする西国および東国の地方豪族ことむけの皇族将軍説話が本体であって、それが六世紀のはじめに宮廷の『旧辞』として定着したものであることをみてきた。そしてそれをささえた中央の史的背景としては、〃ひつぎのみこ〃の〃ひつぎ〃をめぐる争いがあったのであり、地方的基盤としては、それが建部や語部の存在と宮廷とのつながりにあったと推定した。倭の勇者としての〃やまとたける〃説話は、このようにしてなりたち、その後の宮廷儀礼や伊勢神宮の尊崇などによって加上・作為されて発展してゆくのである。

『続日本紀』の大宝二年（七〇二）八月八日の条には注目すべき記事がある。「倭建命の墓震（ない）す、使を遣はして之を祭る」というのがそれである。この「震」は地震の余震であったかもしれないが、少なくとも八世紀のはじめの朝廷で、「倭建命の墓」が重視されていたことを証明する。この「墓」が倭建命の陵墓伝承のいずれであったかは、国郡名を明記していないので残念ながら不明だが、大宝二年の八月にとくに勅使を派遣したことは、当時の朝廷には日本武尊伝承が定着していたことを物語る。

そしてその発展の完成が『書紀』の記述であることはいうまでもない。そのために『書紀』編者の日本武尊説話の編年には無理もあり、矛盾も生じてきているのである。『書紀』には、『古事記』にみえない武内宿禰の東国・北陸への派遣を記し、武内宿禰の東夷に関する状況報告を記しているが、これなどは、本来の宮廷の『旧辞』にはなかったものであり、蘇我氏の政治的進出をバックに造作されたものであった。そしてそのことがまた日本武尊の東征説話の伏線として生かされているのである（『景行天皇紀』二十五・七年の条）。したがってまた景行天皇の十三年における高屋宮の滞在年数を間違ったり、親征のコースに地理上の錯誤をきたしたりしているのであるし、大碓尊の妻どいがたいへん早くでていたりするのでもある。『旧辞』における日本武尊説話を生かしながらも『書紀』の述作者たちが、完全に消化しえなかったことは、景行天皇の四十年にはじまる蝦夷征討を、十月までしか年立できず、駿河以降を「是の歳」としてぼかすという不手ぎわを生じているのにもはっきりしている。

いまわたくしどもは、『記・紀』にみえる尊の人間像をそのまま英雄の悲劇として受けとる前に、その背景にある〝ひつぎ〟争いや国造層のことむけ、更に民衆的なものとのつながりにおいてこれをみきわめて、原日本武尊説話の真相に迫るとともに、新らしい視角からこの人物を再評価することが必要なのではなかろうか。それはひとり日本武尊の謎をとき明かすことのみにとどまらず、日本の天皇制のなりたちとそのあり方を、しっかり把握する上にもきっと役だつであろう。

略年譜

（略年譜は『書紀』によって作製した。もとよりこれをただちに史実とすることはできず、『古事記』の記述と矛盾するところもあるが、一応『書紀』の方は編年を行なっているので、便宜使用することにした。）

天皇	年次	干支	事項
景行	元	辛未	七月、大足彦尊即位、景行天皇となる
	二	壬申	三月、稲日大郎姫、景行天皇の皇后となる
	三	癸酉	二月、紀伊の群神を祭らんとするも、卜定吉からず、中止
	四	甲戌	二月、天皇美濃に行幸、弟媛を妃にせんとするもはたさず、八坂入媛、妃となる○一一月、美濃より還幸
	一〇	庚辰	この頃、日本武尊生まる
	一二	壬午	七月、熊襲叛く○八月、筑紫に行幸○九月、周防に至る○神夏磯姫らの服属○一〇月、豊の国に到着、豊後の土蜘蛛らを討つ○一一月、熊襲梟帥を平定
	一三	癸未	五月、高屋宮滞在
	一七	丁亥	三月、日向国の子湯に行幸
	一八	戊子	三月、筑紫巡幸○四月、熊の首長らを討つ○五月、肥国に入る○六月、玉杵名の土蜘蛛を討つ○七月、筑紫の御木に到る○八月、的の村に入る
	一九	己丑	九月、天皇日向より還幸
	二〇	庚寅	二月、五百野皇女を遣わして天照大神を祭る

景行	二五	乙未	七月、武内宿禰を東国・北陸に遣わす
	二七	丁酉	二月、武内宿禰東国より還り東夷の情況を奏す○一〇月、日本武尊、熊襲を討つために出発
	二八	戊戌	二月、日本武尊、熊襲平定を奏す
	四〇	庚戌	六月、蝦夷叛乱し、日本武尊征討に出発○一〇月、伊勢に詣り倭姫より剣を授かる○是歳、駿河に入る。焼津向火の事件あり○走水の海を渡らんとするも海の神のたたりおこり、弟橘媛入水○陸奥に入る○帰還の途につき甲斐より信濃に向う○吉備武彦を越の国に遣わす○尾張に入り宮簀媛の宅に泊す○伊吹の神のたたりあり
	四一	辛亥	是歳、日本武尊、能褒野に死す○蝦夷を神宮に貢献す
	四三	癸丑	是歳、武部を定む
	五一	辛酉	神宮の蝦夷を播磨以西に移す
	五二	壬戌	五月、皇后大郎姫死す○七月、八坂入媛を皇后となす
	五三	癸亥	八月、天皇、日本武尊の平定せる諸国を巡幸す○一〇月、上総国に入る○一二月、東国より伊勢に還幸
	五四	甲子	九月、倭に還幸
	五五	乙丑	二月、彦狭島王を東山道に遣わす
	五六	丙寅	御諸別王を東国に遣わす
	五八	戊辰	近江の志賀に行幸
	六〇	庚午	天皇、高穴穂宮において死す

参考文献

一、関係著書

柳田国男『一目小僧その他』 小山書店 昭和九

高木市之助『吉野の鮎』 岩波書店 昭和一六

大江満雄『日本武尊』 教材社 昭和一八

堀一郎『遊幸思想』 育英書院 昭和一九

津田左右吉『日本古典の研究』上 岩波書店 昭和二三

石母田正『論集史学』（「古代貴族の英雄時代」） 三省堂 昭和二三

西郷信綱『日本古代文学史』 岩波書店 昭和二六

歴史学研究会『歴史における民族の問題』 岩波書店 昭和二六

川崎庸之『記紀万葉の世界』 お茶の水書房 昭和二七

藤間生大『日本武尊』 創元社 昭和二八

井上光貞『大化改新』 要書房 昭和二九

井上光貞『万葉集大成』(「古代の東国」) 平凡社 昭和二九
折口信夫『折口信夫全集』(一) 中央公論社 昭和二九
林屋辰三郎『古事記大成』(「古事記とその時代」) 平凡社 昭和三一
北山茂夫『日本古代の政治と文学』(「日本における英雄時代の問題によせて」) 青木書店 昭和三一
岩橋小弥太『上代史籍の研究』 吉川弘文館 昭和三一
坂本太郎『蝦夷』(「日本書紀と蝦夷」) 朝倉書店 昭和三一
池田源太『歴史の始源と口誦伝承』 綜芸社 昭和三一
松本信広『日本の神話』 至文堂 昭和三一
上田正昭『神話の世界』 創元社 昭和三一
門脇禎二『神武天皇』 三一書房 昭和三二
石井良助『大化改新と鎌倉幕府の成立』 創文社 昭和三三
藤間生大『やまと・たける』 角川書店 昭和三三
小林行雄『古墳の話』 岩波書店 昭和三四

上田正昭『日本古代国家成立史の研究』　青木書店　昭和三四

直木孝次郎『持統天皇』（人物叢書）　吉川弘文館　昭和三五

二、関係論文

前田直典「応神天皇朝という時代」　オリエンタリカ一

藤間生大「日本における英雄時代」　歴史評論　四の七

藤間生大「詩と真実」　改　造　五三年の九月

西郷信綱「英雄時代の文学」　歴史評論　四の七

川崎庸之「古代文学史における英雄時代」　歴史学研究一四二

北山茂夫「壬申の乱」　日本史研究一七

井上光貞「古代天皇制の諸問題」　思　想　三三六

井上光貞「国造制の成立」　史学雑誌　六〇の一一

石母田正「英雄時代の問題の所在について」　歴史学研究一六六

石母田正「古代文学成立の一過程」　文　学　二五の四・五

直木孝次郎「天照大神と伊勢神宮の起源」　古代社会と宗教
直木孝次郎「ヤマトタケル伝説と伊勢神宮」　京大国史論集一
横田健一「大化前代の播磨」　魚澄先生記念国史学論叢
土橋　寛「宮廷寿詞とその社会的背景」　文　学　二四の六
土橋　寛「古代の文学と歴史」　日本史研究三六
吉田義孝「思国歌の展開」　文　学　一六の七
岩本次郎「古代吉備氏に関する一考察」　ヒストリア二六
林屋辰三郎「天語歌から世継物語へ」　立命館文学一六九
岸　俊男「古代豪族」　世界考古学大系　日本三
水野　祐「倭建命と倭武天皇」　史　観　四三・四四
田中　卓「イセ神宮の創祀について」　神道史研究三の三・五・六
高崎正秀「古代文学の発生と主題」　日本文学史第三
高崎正秀「神度劒考」　神道史研究一の三
高藤　昇「倭武天皇」　国史学　六七

井上　薫「宮城十二門の門号と乙巳の変」　続日本紀研究一の七
山田英雄「宮城十二門号について」　続日本紀研究一の一〇
佐伯有清「宮城十二門号と古代天皇近侍氏族」　続日本紀研究二の四
益田勝美「海さち・山さち」　文学　二三の七〇
上田正昭「大和国家と皇族将軍」　京大国史論集一
上田正昭「大化前代における軍事団の諸問題」　国史学　七二・七三
※これ以外にも関係文献は多いが、管見の範囲でさしあたり必要と思われるものにとどめた。詳しくは拙稿「英雄時代主要文献目録」（続日本紀研究五の六）を参照されたい。

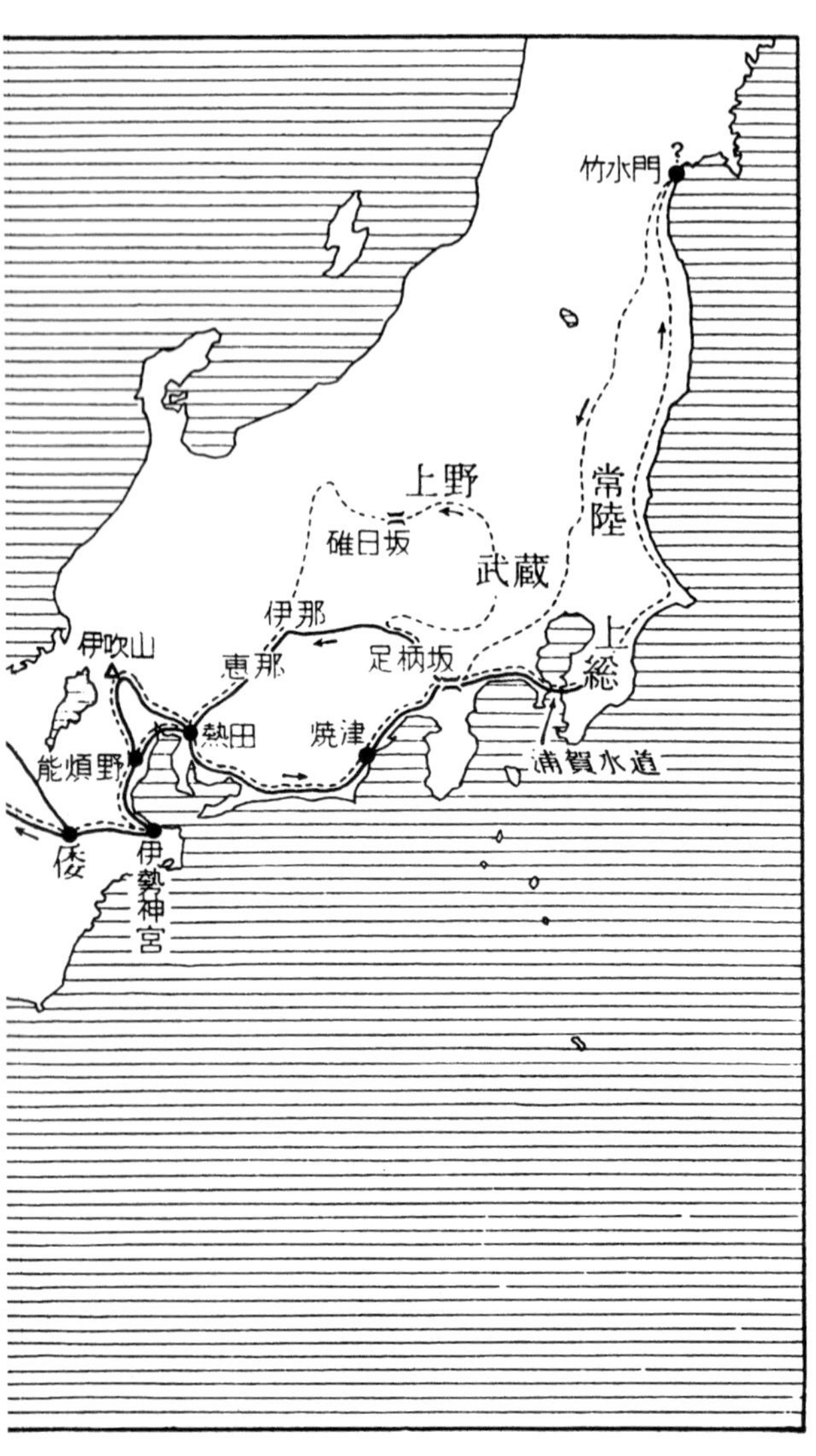
竹水門
上野
碓日坂
武蔵
常陸
伊那
伊吹山
恵那
足柄坂
上総
熱田
焼津
能煩野
浦賀水道
倭
伊勢神宮

日本武尊征討経路図
古事記による想定
日本書紀による想定
風土記を参照してあるが文献伝承の性質上概略を知ることしかできない。
出雲
播磨
吉備
穴海
柏済
豊前
豊後
熊
日向
始良
襲
鹿父

著者略歴

一九二七年生れ
一九五〇年京都大学文学部史学科卒業
京都大学教授、京都大学評議員、京都大学教養部長、京都大学埋蔵文化財研究センター長、大阪女子大学学長等を歴任
現在　京都大学名誉教授、文学博士

主要著書
日本古代国家論究　日本古代国家成立史の研究
日本神話　大王の世紀　藤原不比等　古代伝承史の研究

人物叢書　新装版

日本武尊

一九六〇年（昭和三十五）七月二十五日　第一版第一刷発行
一九八六年（昭和六十一）一月　一　日　新装版第一刷発行
二〇〇七年（平成十九）十月　一　日　新装版第六刷発行

著　者　上田正昭（うえだまさあき）
編集者　日本歴史学会
　　　　代表者　平野邦雄
発行者　前田求恭
発行所　株式会社　吉川弘文館
東京都文京区本郷七丁目二番八号
郵便番号一一三―〇〇三三
電話〇三―三八一三―九一五一〈代表〉
振替口座〇〇一〇〇―五―二四四
http://www.yoshikawa-k.co.jp/
印刷＝株式会社 平文社
製本＝ナショナル製本協同組合

『人物叢書』(新装版)刊行のことば

人物叢書は、個人が埋没された歴史書が盛行した時代に、「歴史を動かすものは人間である。個人の伝記が明らかにされないで、歴史の叙述は完全であり得ない」という信念のもとに、専門学者に執筆を依頼し、日本歴史学会が編集し、吉川弘文館が刊行した一大伝記集である。

幸いに読書界の支持を得て、百冊刊行の折には菊池寛賞を授けられる栄誉に浴した。

しかし発行以来すでに四半世紀を経過し、長期品切れ本が増加し、読書界の要望にそい得ない状態にもなったので、この際既刊本の体裁を一新して再編成し、定期的に配本できるような方策をとることにした。既刊本は一八四冊であるが、まだ未刊である重要人物の伝記についても鋭意刊行を進める方針であり、その体裁も新形式をとることとした。

こうして刊行当初の精神に思いを致し、人物叢書を蘇らせようとするのが、今回の企図である。大方のご支援を得ることができれば幸せである。

昭和六十年五月

日本歴史学会
代表者 坂本太郎

〈オンデマンド版〉
日本武尊

人物叢書　新装版

2021年（令和3）10月1日　発行

著　者　上田正昭（うえだ まさあき）
編集者　日本歴史学会
代表者　藤田　覚
発行者　吉川道郎
発行所　株式会社　吉川弘文館
〒113-0033　東京都文京区本郷7丁目2番8号
TEL　03-3813-9151〈代表〉
URL　http://www.yoshikawa-k.co.jp/
印刷・製本　大日本印刷株式会社

上田正昭（1927～2016）

ISBN978-4-642-75024-0